重信初江

冬つまみ

寒い季節を
おいしく過ごす
酒の肴一二〇

池田書店

おしながき

冬の前菜で一杯

とろみで一杯

豆腐で一杯

煮込みで一杯

肉・魚で一杯

小鍋で一杯

〆のごはん・麺

帰ってすぐ呑める **かんたん冬つまみ20**

この本の使い方

●計量の単位は、小さじ1＝5ml(cc)、大さじ1＝15ml(cc)。

●調味料は、とくに注釈のないものは、砂糖は上白糖、塩は自然塩、しょうゆは濃口しょうゆ(薄口しょうゆは濃口しょうゆでも代用可)、みそは好みのみそ、小麦粉は薄力粉を使用。

●ナンプラーはニョクマムに置き換えることもできます。どちらも製品によって塩分が違うので調整してください。

●オリーブ油はエクストラ・バージン・オリーブ油を使用。

●バターは有塩バターを使用しています。

●だし汁とは「昆布とかつお節でとった和風だし」のことです。市販のだしの素を使う場合は、なるべく食塩無添加の自然のものを使いましょう。顆粒だしは塩分が含まれるものが多いので、使う場合は塩分を加減して。

●材料は基本的に「2人分」表記です。料理によっては「1〜2人分」、「2〜3人分」、「4人分」、「作りやすい分量」で表記しています。

●電子レンジは600Wのものを使用。500Wの場合は加熱時間を1.2倍にしてください。

●加熱時間は、鍋やフライパンの大きさ、オーブントースターの機種、素材などにより異なる場合があるので、記載した時間を目安に様子をみながら調整してください。

●レシピの火力は、とくに記述のない場合は「中火」です。

●小鍋は6〜7号サイズの土鍋を基本としています。

●揚げ油の中温(170度)の見方の目安は、揚げ油に衣を落とすと、いったん底まで沈み、すぐに浮き上がってくる状態です。

は、調理のポイントや材料についてのあれこれ、おすすめのお酒などについて表記しています。

寒い季節においしくなる素材を中心に
旨いつまみを120品取り揃えました。
どうぞお愉しみを

冬の前菜で一杯 …15品

とろみで一杯 …7品

豆腐で一杯 …12品

煮込みで一杯 …11品

肉・魚で一杯 …13品

小鍋で一杯 …9品

〆のごはん・麺 …8品

ねぎで一杯 …10品

つくりおきで一杯 …8品

チーズで一杯 …7品

帰ってすぐ呑める かんたん冬つまみ20 …20品

冬の前菜で一杯

まずは一杯、のどきに
さっと作れる手間なしの肴
あったか料理の合間にも
口直しとしておすすめ
旬の冬野菜を使った
前菜おつまみです

材料 2人分

ブロッコリー‥‥1/3株強（100g）
木綿豆腐‥‥1/3丁（100g）
干し桜えび‥‥5g
A 練りごま‥‥大さじ1
A めんつゆ（3倍濃縮タイプ）‥‥小さじ1
A 塩‥‥少々

ブロッコリーのめんつゆ白和え

㊀ ブロッコリーは小房に分け、大きいものは2〜3枚にスライスする。

㊁ 鍋に湯を沸かし、㊀を入れて1分ほどゆでてザルに上げ、めんつゆ小さじ1/3（材料外）をからめておく。

㊂ ボウルに豆腐を入れ、泡立て器で混ぜてAを加え、さらになめらかになるまで混ぜる。

㊃ 汁気をきった㊁、桜えびを加えて、和える。

時間がたつと水分が出るので、食べる直前に和えてすぐ食べましょう。

からし味噌マヨれんこん

㊀ れんこんは皮をむき、ひと口大の乱切りにする。

㊁ 鍋に湯を沸かして㊀を入れ、2〜3分ゆでてザルに上げ、粗熱を取る。

㊂ ボウルにAを入れて混ぜ、㊁を加えて和える。

シャキシャキ食感を残すようかためにゆでるのがコツ。

材料 2人分

れんこん・・・・中1節（200g）
A
- マヨネーズ・・・・大さじ1
- 白みそ・・・・大さじ½
- 練りからし・・・・小さじ⅓

キャベツのコク旨ソース醤油炒め

㈠キャベツはひと口大のざく切りにする。

㈡フライパンにサラダ油を熱して㈠を入れ、強めの中火で2分ほど炒める。

㈢Aを加えて調味し、削り節をふる。

ウスターソースとしょうゆを合わせたコク旨な味つけ。

材料 2人分

キャベツ‥‥3～4枚（150g）
サラダ油‥‥小さじ1
A ウスターソース‥‥大さじ1/2
A しょうゆ‥‥小さじ1/2
削り節‥‥適量

ごぼうとちくわの青海苔マヨ和え

㊀ ごぼうは斜め薄切りにする。ちくわは5㎜厚さの小口切りにする。

㊁ 鍋に2カップの湯を沸かして酢を入れ、ごぼうを加えて2分ほどゆでてザルに上げ、水気をきる。

㊂ ボウルにAを入れて混ぜ、㊁、ちくわを加えて和える。

材料｜2人分

ごぼう‥‥⅓本(60g)
酢‥‥大さじ1
ちくわ‥‥2本
A
- マヨネーズ‥‥大さじ1
- 青海苔‥‥小さじ½
- 塩‥‥少々

カリフラワーのカレーケチャップ焼き

㊀ カリフラワーは小房に分け、大きいものは半分に切る。

㊁ ボウルにAを入れて混ぜ、㊀を加えて全体にからめる。

㊂ オーブントースターの受け皿にアルミ箔をしき、㊁を並べ入れて8～10分ほど焼く。

焼き色がつくくらいにしっかり加熱しましょう。

材料　2人分

カリフラワー‥‥1/3株(150g)

A
- ヨーグルト(無糖)‥‥50ml
- トマトケチャップ‥‥大さじ1/2
- カレー粉‥‥小さじ1/3
- 塩・おろしにんにく‥‥各小さじ1/4

小松菜の野沢菜風ピリ辛浅漬け

㊀ 小松菜は3㎝長さに切る。

㊁ 耐熱ボウルにAを入れて混ぜ、㊀を加えて軽く和える。

㊂ ㊁にラップをかけ、電子レンジで1分〜1分30秒加熱して、少ししんなりしかけたくらいで取り出す。

電子レンジで加熱するだけで野沢菜風の味わいに。

材料 2人分

小松菜‥‥1束（100g）

A
- しょうゆ‥‥大さじ½
- 酢‥‥小さじ1
- 砂糖‥‥小さじ½
- 練りからし‥‥小さじ⅓

大根とツナのしそマヨ和え

㊀ 大根は皮をむき、3㎝長さくらいの短冊に切る。

㊁ ツナ缶は油をきり、ほぐしておく。

㊂ ボウルにAを入れて混ぜ、㊀、㊁を加えて和える。

材料 2人分

大根‥‥5㎝(150g)
ツナ缶‥‥小1缶(70g)
A ┌マヨネーズ‥‥大さじ1と½
　└赤しそ粉(市販)‥‥小さじ½

にんじんとみかんのピリ辛キャロットラペ

㊀ にんじんはスライサーなどで細い千切りにする。みかんは皮をむき、いちょう切りにする。

㊁ ボウルにAを入れて混ぜ、㊀のにんじんを加えて混ぜる。

㊂ ㊁にみかんを入れ、さっくり混ぜ合わせる。

みかんの酸味が千切りにんじんの風味をさらに引き立てます。スパークリングワインや白ワインなどがおすすめ。

材料 2人分

にんじん‥‥中1本(150g)
みかん‥‥1個
A
- 酢・オリーブ油‥‥各大さじ½
- 豆板醤‥‥小さじ⅓
- 塩‥‥小さじ¼

かぶとコンビーフのナンプラー炒め

㊀ かぶの実は縦半分に切り、5㎜幅にスライスする。茎葉は1㎝幅に切る。コンビーフはざっくりと手でちぎる。

㊁ フライパンにサラダ油を熱して㊀のかぶの実を入れ、強めの中火で1分ほど炒める。

㊂ 茎葉、コンビーフ、Aを加え、全体に味がなじむまで1~2分炒める。

ナンプラーがほんのり香るエスニック風の味わい。

材料 2人分

かぶの実‥‥小2個(100g)
かぶの茎葉‥‥50g
コンビーフ缶‥‥½缶(50g)
サラダ油‥‥小さじ1
A ナンプラー‥‥小さじ½
A 塩・こしょう‥‥各少々

ほうれん草のしっとり海苔和え

㊀ 鍋に4カップの湯を沸かして塩を入れ、ほうれん草を根元から入れて10秒たったら菜箸で全体を沈め、しんなりしたら流水に取ってザルに上げる。冷めてから3㎝長さに切り、水気を絞る。

㊁ 焼き海苔は、食べやすい大きさに手でちぎる。

㊂ ボウルにAを入れて混ぜ、㊀、㊁を加えて和える。

しんなりした海苔の風味がほうれん草のシャキシャキ食感と絶妙な組み合わせ。

材料 2人分

ほうれん草‥‥1束(200g)
塩‥‥小さじ1
焼き海苔‥‥½枚
A しょうゆ‥‥小さじ½
A おろしにんにく‥‥小さじ¼
A 塩‥‥少々

エリンギのカリカリソテー

㈠ エリンギは手で細く割く。
㈡ フライパンにオリーブ油を熱して㈠を入れ、少し茶色になり、水分が出て乾燥した感じになるまで5〜6分炒める。
㈢ キッチンペーパーにのせて余分な油をきり、器に盛ってAをふる。

材料 2人分

エリンギ‥‥1パック(100g)
オリーブ油‥‥大さじ1
A 粉チーズ‥‥大さじ½
A 塩・粗びき黒こしょう‥‥各少々

水菜と湯葉のめんつゆ煮びたし

㊀ 湯葉は水に15分ほどつけて戻し、大きいものは半分に切る。水菜は4㎝長さに切る。

㊁ 鍋にAを入れて煮立て、湯葉を加えて2分ほど弱火で煮る。

㊂ 水菜を入れ、しんなりしたら火を止める。

材料｜2人分

水菜‥‥½束（80g）
乾燥湯葉*‥‥4かけ（20g）
A 水‥‥100ml
A めんつゆ（3倍濃縮タイプ）‥‥大さじ1と½

＊精進料理で代表的な食材で、栄養価が高く、大豆の旨味がしっかり感じられる。

じゃがいもと貝割れ大根のさっぱり和え

㊀ じゃがいもは皮をむき、スライサーなどで細い千切りにして水にさらし、アク抜きする。水がきれいになるまで2〜3回水を替え、ザルに上げる。貝割れ大根は半分に切る。

㊁ 鍋に湯を沸かして㊀を入れ、15秒ほどゆでる。じゃがいもの色が透き通ったら冷水に取り、ザルに上げて水気をかたく絞る。

㊂ ボウルにAを入れて混ぜ、㊁を加えて和える。

材料 2人分

じゃがいも‥‥1個(150g)
貝割れ大根‥‥½パック(25g)

A
- だし汁(または水)‥‥大さじ1
- 酢‥‥大さじ1
- しょうゆ‥‥小さじ½
- 塩‥‥少々

たたき長芋のもずく和え

㊀ 長芋は皮をむき、縦に4つ割りにしてポリ袋に入れ、ひと口大になるまで、肉たたきや麺棒などでたたく。

㊁ もずくは㊀に汁ごと入れ、混ぜる。

㊂ 器に盛り、しょうがをのせる。

長芋はたたくことで味のなじみがよくなり、しゃりしゃり食感も楽しめます。

材料 2人分

長芋‥‥5cm（150g）
もずく（味つき）‥‥1パック（約70g）
おろししょうが‥‥大さじ½
塩‥‥少々

白菜の昆布茶キムチ

㈠ 白菜は芯と葉に切り分け、芯はひと口大に削ぎ切り、葉は3～4㎝幅に切る。青じそは適当な大きさに手でちぎる。

㈡ ボウルにAを入れて混ぜ、㈠を加えて和える。

昆布茶の旨味と豆板醤の辛味が決め手。

材料｜2人分

白菜・・・・3枚(200g)
青じそ・・・・3枚
A
- 酢・・・・大さじ1
- ごま油・・・・小さじ1
- 昆布茶・豆板醤・・・・各小さじ½
- 塩・・・・小さじ⅓

とろみで一杯

熱々のとろみをまとった一品は
寒い冬ならではのごちそう
熱燗や焼酎のお湯割
なんかがいいですね
ビールや炭酸割りなど
冷たいお酒にもおすすめです

やわらか鶏ひき肉のかぶのそぼろあん

材料 2人分

かぶ････小3個
鶏ひき肉････80g
A
- だし汁････300ml
- みりん････大さじ2
- 薄口しょうゆ････大さじ1
- 塩････少々

B
- 水････大さじ1
- 片栗粉････小さじ2

しょうが汁････小さじ1

㊀ かぶは茎を2㎝ほど残して切り、皮をむいて縦半分に切り、茎と実の間に入っている泥を流水でよく洗う。

㊁ 鍋にA、ひき肉を入れて火にかけ、ひき肉がかたまらないように混ぜながら煮立てる。

㊂ ㊀を加え、やわらかくなるまで4～5分煮る。途中、出たアクは取る。

㊃ 混ぜておいたBを加えてとろみをつけ、しょうが汁を加えて火を止める。

豚肉と玉ねぎのダブルとろとろ卵とじ

㊀ 玉ねぎは繊維を断つ方向に7～8㎜幅に切る。

㊁ フライパンにAを入れて火をつけ、混ぜながら煮立てて㊀を加え、弱火で1分煮る。

㊂ 豚肉を入れて中火にし、ほぐしながら1～2分煮る。肉に火が通ったら溶き卵を回しかけ、半熟状になるまで1～2分煮る。器に盛り、好みで青海苔をふる。

溶き卵は全体がとろとろのうちに加えて混ぜるのがポイント。卵と片栗粉のダブルとろとろ。

材料｜2人分

豚こま切れ肉‥‥80g
玉ねぎ‥‥1/4個(50g)
溶き卵‥‥2個分
A ┌水‥‥200ml
　 │めんつゆ(3倍濃縮タイプ)‥‥大さじ2
　 └片栗粉‥‥大さじ1/2
青海苔(あれば)‥‥少々

白菜と豚バラのとろみ黒酢炒め

一 白菜は芯と葉に切り分け、芯はひと口大に削ぎ切り、葉は3〜4㎝幅に切る。豚肉は4㎝長さに切る。にんじんは2〜3㎜厚さ、4㎝長さの短冊に切る。

二 フライパンにごま油を熱して豚肉を並べ入れ、上下を返しながら2分ほど焼く。白菜、にんじんを加え、強めの中火で2分ほど炒める。

三 Aを入れて調味し、混ぜておいたBを加えてとろみをつける。

材料 2人分

白菜‥‥3枚(200g)
豚バラ薄切り肉‥‥100g
にんじん‥‥1/6本(30g)
ごま油‥‥小さじ1

A
- 黒酢‥‥大さじ1
- 砂糖・しょうゆ‥‥各小さじ1
- 塩‥‥少々

B
- 水‥‥50ml
- 片栗粉‥‥大さじ1/2

アボカドと厚揚げの麻婆

㊀ アボカドは皮と種を除き、ひと口大に切る。厚揚げはひと口大に切る。Bは混ぜておく。

㊁ フライパンにごま油を熱し、Aを入れて弱火で炒める。香りが立ってきたらひき肉を加え、中火にして火が通るまで2～3分炒める。

㊂ 厚揚げを入れて強めの中火にし、1分炒めたらBを加え、とろみがつくまで混ぜながら煮る。アボカドを加え、熱くなる程度で火を止める。

アボカドはかためのものがおすすめです。とろみは時間がたつとゆるくなるので、熱々のうちに食べましょう。

材料　2人分

アボカド‥‥1個
厚揚げ‥‥1枚（200g）
豚ひき肉‥‥80g
ごま油‥‥小さじ1
A しょうが（みじん切り）‥‥1かけ分
A 豆板醤‥‥小さじ½
A 花椒粉‥‥小さじ⅓
B 水‥‥100ml
B みりん‥‥大さじ1
B みそ‥‥大さじ½
B 片栗粉‥‥小さじ2
B しょうゆ‥‥小さじ1
B 塩‥‥少々

豆腐の和風かにあんかけ

㈠ 豆腐は半分に切って鍋に入れ、かぶるくらいの水、塩ひとつまみ（材料外）を加えて弱めの中火にかけ、豆腐がゆらっとしたら火を止める。

㈡ 別の鍋にAを入れ、とろみがつくまで混ぜながら1～2分煮、かにを加えて軽く混ぜる。

㈢ 器に㈠を盛り、㈡をかけてしょうがをのせる。

かにの旨味があんにつまった贅沢なひと品。おいしい日本酒とともにゆったり楽しみたい。豆腐はぐらぐら煮るとすが入るので煮過ぎに注意して。かにが余ったら、きゅうりと塩もみ大根と合わせて、わさび、しょうゆ、マヨネーズを混ぜたたれをかけても。

材料 2人分

絹豆腐‥‥1丁（300g）
かに（むき身）‥‥80g
A
- だし汁‥‥100ml
- みりん‥‥大さじ1
- 片栗粉‥‥大さじ1/2
- 薄口しょうゆ‥‥小さじ1
- 塩‥‥少々

おろししょうが‥‥適量

鶏と車麩《くるまぶ》のとろとろ煮

㊀ 鶏肉はひと口大に削ぎ切り、小麦粉を薄くまぶす。車麩は水に15分ほどつけて戻し、4等分に切る。

㊁ 鍋にAを入れて煮立て、㊀の鶏肉を加える。肉がくっつかないように混ぜてから車麩を加え、再び煮立ったら弱火にして3～4分煮る。

㊂ 器に盛り、練りわさびをのせる。

鶏肉は汁が煮立ったところに入れる。

調理の直前に鶏肉に小麦粉をまぶすこと。時間がたつと粉がベトベトになるので注意して。余った車麩は、めんつゆでさっと煮て卵とじにしたり、煮たものを軽く絞ってバター焼きなどにしても。

材料 2人分

鶏むね肉・・・・小1枚(200g)
小麦粉・・・・大さじ1と½
車麩・・・・2枚(約15g)
A ┌水・・・・300ml
A │めんつゆ(3倍濃縮タイプ)・・・・大さじ4
A └塩・・・・少々
練りわさび・・・・適量

きのこのあんかけレンジ茶碗蒸し

㊀ ボウルに卵を入れて溶きほぐし、Aを加えて泡立てないように注意して混ぜる。目の細かいザルやこし器でこして、耐熱容器に等分に注ぎ入れる。真ん中に親指ほどの穴を開けたアルミ箔をかけ、電子レンジで1分加熱して取り出し、全体を混ぜて、再びアルミ箔をかけて1分30秒～2分加熱する。そのまま2～3分おき、余熱で中までしっかり火を通す。

㊁ えのきだけは石づきを取り、4等分に切ってほぐす。みつばは2㎝長さに切る。

㊂ 鍋にB、なめこ、えのきだけを入れて火にかけ、とろみがつくまで混ぜながら煮る。

㊃ ㊀に㊂をかけ、みつばをのせる。

アルミ箔は一般的に電子レンジで使用禁止と言われていますが、真ん中に穴を開けることで火花が飛ばずに安全。

加熱時間は器によってかなり変わるので、卵液にすが入らないよう注意して30秒ずつ様子をみながら加熱しましょう。

材料 2人分

卵‥‥1個

A
- だし汁‥‥150ml
- みりん‥‥大さじ1
- 薄口しょうゆ‥‥小さじ1
- 塩‥‥少々

なめこ‥‥½パック(50g)
えのきだけ‥‥小½パック(50g)
みつば‥‥5～6本(10g)

B
- だし汁‥‥100ml
- 片栗粉‥‥大さじ½
- 薄口しょうゆ・みりん‥‥各大さじ½
- 塩‥‥少々

わけぎのぬた

㊀ 鍋に湯を沸かし、わけぎを根元から入れて5秒たったら菜箸で全体を沈め、しんなりしたらザルに上げて冷ます。

㊁ 根元を揃えて4cm長さに切り、器に盛る。

㊂ ボウルに**A**を入れて混ぜ、㊁にかける。

酢みそは、貝類の刺身やうどなどにかけたり、かに風味かまぼこと和えても。

材料 2人分

わけぎ‥‥½束(75g)

A
- 白みそ‥‥大さじ1
- 酢‥‥小さじ1
- 砂糖‥‥小さじ½
- 練りからし‥‥小さじ⅓

わけぎといかの塩辛炒め

㈠ わけぎは4～5cm長さに切り、茎と葉に分ける。

㈡ フライパンにサラダ油を熱して㈠の茎を入れ、強めの中火で30秒炒める。

㈢ 塩辛を加えて軽く炒め、㈠の葉を入れて、全体にしんなりしたらしょうゆを回しかける。

いかの塩辛を炒めると桜えびを加えたような香ばしい味わいに。お酒がすすみます。

材料 2人分

わけぎ‥‥½束(75g)
いかの塩辛(市販)‥‥40g
サラダ油‥‥小さじ1
しょうゆ‥‥小さじ⅓

長ねぎ一本分のチヂミ

㈠ 長ねぎは斜め薄切りにしてボウルに入れ、天ぷら粉をまんべんなくからめ、水を加えて混ぜる。

㈡ フライパンにごま油を熱し、㈠を入れて平らにならし、弱めの中火で2～3分焼く。焼き色がついたら上下を返し、さらに2分ほど焼いて取り出し、食べやすい大きさに切る。

㈢ 器に㈡を盛り、混ぜておいた**A**を添える。

材料｜2人分

長ねぎ････1本
天ぷら粉････大さじ4
水････大さじ4
ごま油････大さじ1
A ぽん酢（市販）････大さじ½
A 一味唐辛子････少々

長ねぎ粒マスタードマリネ

㊀ 長ねぎは5〜6㎝長さに切り、やわらかくなるまで熱湯で5〜6分ゆでる。

㊁ ボウルにAを入れて混ぜ、㊀を加えて和える。そのまま常温に1時間以上おいて味をなじませる。

★冷めてから密閉袋に入れ、冷蔵庫で10日ほど保存可能。

材料 2人分

長ねぎ‥‥2本

A
- 酢・オリーブ油‥‥各大さじ1
- 粒マスタード‥‥小さじ1
- 塩‥‥小さじ⅓
- こしょう‥‥少々

豆腐と細ねぎのアンチョビ炒め

㊀豆腐はキッチンペーパーで包み、平らな皿かバットなどを上において30分ほどしっかり水きりし、1cm角に切る。細ねぎは小口切りにする。にんにく、アンチョビはみじん切りにする。

㊁フライパンにオリーブ油を弱火で熱し、にんにく、アンチョビを入れて軽く炒める。

㊂強火にして、細ねぎ、Aを加え、少ししんなりしたら火を止め、㊀の豆腐を加えて和える。

材料 2人分

木綿豆腐‥‥1丁(300g)
細ねぎ‥‥1/3束(30g)
にんにく‥‥小1かけ
アンチョビ(フィレ)‥‥2切れ(8g)
オリーブ油‥‥大さじ1/2
A しょうゆ‥‥少々
A 塩・こしょう‥‥各少々

白身魚とねぎの熱々ごま油かけ

㊀ 鯛は耐熱容器に入れ、Aをからめて10分ほど冷蔵庫におく。

㊁ ㊀にラップをかけて電子レンジで3分30秒加熱し、そのまま2〜3分おいて余熱でしっかり中まで火を通す。

㊂ ㊁を器に盛り、長ねぎをのせてBをふる。ごま油を煙が出るくらいまであたためて、ねぎの上からジュッとかける。

切り身魚は、かじきやたらなどでも。

材料 2人分

鯛の切り身‥‥2切れ
A 酒‥‥大さじ1
A 塩‥‥少々
長ねぎ(斜め薄切り)‥‥1本分
B しょうゆ‥‥大さじ½
B 花椒粉‥‥小さじ½
ごま油‥‥大さじ1

細ねぎとまぐろの塩昆布和え

㊀ 細ねぎは小口切りにする。塩昆布は、長ければハサミで2㎝長さに切る。

㊁ ボウルにまぐろ、㊀、Aを入れ、全体を混ぜる。ラップをかけて冷蔵庫に入れ、15分以上おいて味をなじませる。

塩昆布はいろいろな素材と合わせて使える便利なおつまみ調味料。豆腐にのせたり、ピーマンやキャベツ、塩もみ白菜などと和えるだけで一品作れます（159頁参照）。

材料 2人分

まぐろの刺身（ぶつ切り）・・・・100g
細ねぎ・・・・1/3束（30g）
塩昆布・・・・10g
A しょうゆ・ごま油・・・・各小さじ1

長ねぎ二本分のつまみグラタン

㊀ 長ねぎは4㎝長さに切り、縦4つ割りにする。

㊁ フライパンにバターを溶かし、㊀を入れて焦がさないように弱めの中火で2分ほど炒める。小麦粉をふり、さらに1分炒めて白ワインを加える。煮立ったら生クリーム、**A**を入れ、とろみがつくまで混ぜながら1～2分煮る。

㊂ 耐熱容器に㊁を入れてチーズをふり、予熱しておいたオーブントースターで、焼き色がつくまで5～6分焼く。

材料 2人分

長ねぎ‥‥2本
バター‥‥20g
小麦粉‥‥大さじ1
白ワイン‥‥50ml
生クリーム‥‥100ml
A 塩‥‥小さじ¼
A こしょう‥‥少々
ピザ用チーズ‥‥20g

長ねぎたっぷり生姜スープ

㊀ フライパンにオリーブ油を熱して長ねぎを入れ、焦がさないように2分ほど炒める。

㊁ しんなりしたらAを入れ、弱火にして2分ほど煮る。

㊂ 器に盛り、粉チーズをかける。

しょうが風味のじんわり体にしみるスープ。おつまみでも、〆の一品でも。

材料 2人分

長ねぎ(小口切り)‥‥1本分
オリーブ油‥‥大さじ½
A
- 水‥‥400ml
- おろししょうが‥‥大さじ1
- コンソメ(顆粒)‥‥小さじ1
- 塩‥‥小さじ¼
- こしょう‥‥少々

粉チーズ‥‥小さじ1

細ねぎたっぷりつまみ焼肉

㈠ 豚肉は塩、こしょうふる。

㈡ 細ねぎは小口切りにしてボウルに入れ、Aを加えて混ぜる。

㈢ フライパンに油はひかずに豚肉を並べ入れ、強めの中火で1分ほど焼いて上下を返し、火が通るまで1～2分焼く。

㈣ フライパンの片側に肉を寄せ、あいたところに㈡を入れてさっとからめて火を止める。器に盛り、レモンを添える。

材料 2人分

豚トロ（焼肉用）‥‥150g
塩・こしょう‥‥各少々
細ねぎ‥‥½束（50g）
A
- 白すりごま‥‥大さじ2
- ごま油‥‥大さじ½
- 塩・粗びき黒こしょう‥‥各小さじ⅓

カットレモン‥‥1切れ

豆腐で一杯

和風つまみ代表の豆腐
そのふくよかな旨味は
日本酒や焼酎など和のお酒と
しっくりよくなじみます
厚揚げ、油揚げ、がんも
納豆のおつまみもいいですね

材料　2人分

絹豆腐‥‥1丁
天かす（市販）‥‥大さじ2（40g）
長ねぎ（小口切り）‥‥適量
海苔（細切り）‥‥適量
めんつゆ（3倍濃縮タイプ）‥‥大さじ1

たぬき温やっこ

㊀ 豆腐は好みの大きさに切り、鍋に入れてかぶるくらいの水、塩ひとつまみ（材料外）を加えて弱めの中火にかけ、豆腐がゆらっと揺れるくらいまであたためる。

㊁ 器に㊀を盛り、天かす、長ねぎ、海苔をのせ、めんつゆをかける。

柿と春菊の白和え

㊀ 柿は皮をむき、種があれば取り除いて食べやすい大きさに切る。

㊁ 春菊はかたい根元を切り、熱湯でゆでてザルに上げ、1cm長さに切る。水気を絞り、しょうゆ少々（材料外）をからめる。

㊂ ボウルにAを入れ、泡立て器で全体がなめらかになるまで練り混ぜ、㊀、汁気を絞った㊁を加えて和える。

ねっとりとした柿の甘味と春菊の歯ごたえと香味がおいしくマッチした一品。ふくよかなタイプの日本酒や白ワインによく合います。

材料｜2人分

柿‥‥½個
春菊‥‥½束（50g）
A
- 木綿豆腐‥‥½丁（150g）
- 練りごま‥‥大さじ1
- 砂糖‥‥小さじ1
- しょうゆ‥‥小さじ½
- 塩‥‥少々

厚揚げと冬野菜の味噌マヨ焼き

㊀ 厚揚げはひと口大に切る。ブロッコリーは小房に分け、大きいものは半分に切る。玉ねぎは繊維に沿って5㎜幅に切る。

㊁ 耐熱容器に㊀を彩りよく並べ入れ、混ぜておいたAをかけ、アルミ箔をかける。

㊂ 予熱しておいたオーブントースターに入れて6～7分焼き、アルミ箔を外して、焼き色がつくまでさらに3～4分焼く。

材料 2人分

厚揚げ‥‥1枚
ブロッコリー‥‥1/3株(80g)
玉ねぎ‥‥1/4個(50g)
A ┌マヨネーズ‥‥大さじ2
　│みそ‥‥大さじ1
　└水‥‥小さじ1

味噌漬け豆腐

㊀ 豆腐はキッチンペーパーで包み、平らな皿やバットなどを重しにして上にのせ、20～30分おいてしっかり水きりする。Aは混ぜておく。

㊁ 密閉容器にAの1/3量をしき、豆腐を入れて残りの2/3量を全体にかけ、冷蔵庫に5～6時間おく。

★冷蔵庫で4～5日保存可能。ただし、かなり塩分が高くなります。

みそは豆腐全体を覆うようにかける。

残ったみそは、再利用するなら一回煮立てると豆腐や野菜をまた漬けられます。

材料｜2人分

絹豆腐‥‥1/2丁
A
- みそ‥‥110g
- みりん‥‥大さじ2
- 砂糖‥‥大さじ1/2

しっとりがんもと長ねぎの白ワイン煮

㊀ 長ねぎは3～4㎝長さに切る。

㊁ フライパンにオリーブ油を熱して㊀を入れ、1～2分炒める。がんもを加えて炒め合わせ、白ワインを入れて1分煮る。

㊂ ㊁に**A**を加え、出たアクは取り、ときどき上下を返しながら弱火で4～5分煮る。

ふくよかなタイプの白ワインがおすすめ。

材料 2人分

がんも‥‥小4個（約120g）
長ねぎ‥‥1本
オリーブ油‥‥小さじ1
白ワイン‥‥50ml

A
- 水‥‥200ml
- コンソメ（顆粒）‥‥小さじ1
- 塩‥‥小さじ¼
- こしょう‥‥少々

油揚げと生ハムのくるくる焼き

㊀ 油揚げは片面に粒マスタードをぬり、上に生ハムを均等におく。

㊁ 端からくるくる巻いて、爪楊枝を等間隔に4本刺す。間に包丁を入れ、4等分に切り分ける。

㊂ フライパンに㊁を並べ入れ、向きを変えながらこんがりと焼き色がつくまで弱火で4〜5分焼く。

しっとりとした生ハムの塩気をカリッとした油揚げで包む、どんなお酒にも合うシンプルな旨さ。

材料　2人分

油揚げ‥‥1枚
生ハム‥‥1枚(10g)
粒マスタード‥‥大さじ½

かりかり油揚げと白菜のぽん酢マヨ

㊀ 予熱しておいたオーブントースターの天板にオーブンシートをしき、油揚げを入れてカリッと焼き色がつくまで4～5分焼き、1cm幅に切る。

㊁ 白菜は繊維を断つ方向に千切りにする。

㊂ ボウルに㊀、㊁を入れて和え、器に盛って混ぜておいたAをかける。好みで七味唐辛子（材料外）をふっても。

千切り白菜と油揚げの食感が心地よいもりもりいける一品。魚焼きグリルで焼く場合は、焦げやすいのでこまめに見ながら火加減に注意しましょう。

油揚げは香ばしい焼き色がつくまでしっかり焼き、粗熱が取れてから細切りにする。

材料｜2人分

油揚げ‥‥1枚
白菜‥‥2枚（150g）
A マヨネーズ‥‥大さじ2
A ぽん酢（市販）‥‥大さじ½

肉豆腐

㊀豆腐はキッチンペーパーで包み、30分ほどおいて水きりして食べやすく切る（横半分に切ってから1.5cm幅くらい）。わけぎは3～4cm長さに切る。

㊁フライパンにサラダ油を強めの中火で熱し、牛肉を入れて炒める。肉に火が通ったらAを加え、調味する。

㊂㊀の豆腐を加え、弱火で4～5分煮る。わけぎを加え、しんなりするまでさらに1～2分煮る。器に盛り、好みで七味唐辛子をふる。

牛肉は少し焼き色がつくくらいに炒めて、しっかり味つけします。

材料｜2人分

牛切り落とし肉‥‥120g
木綿豆腐‥‥1丁（300g）
わけぎ‥‥1本（20g）
サラダ油‥‥大さじ½
A ┌だし汁・酒‥‥各50ml
  └砂糖・しょうゆ‥‥各大さじ1
七味唐辛子‥‥適量

厚揚げのカレーめんつゆ煮

一 厚揚げはひと口大に切り、ベーコンは2cm長さに切る。トマトはへたを取る。

二 鍋に**A**を入れて煮立て、厚揚げ、ベーコンを加えて2～3分煮る。

三 プチトマトを入れて、さらに1分煮る。

材料 2人分

厚揚げ‥‥1枚
ベーコン‥‥2枚
プチトマト‥‥6個
A ┌水‥‥150ml
　 │めんつゆ（3倍濃縮タイプ）‥‥大さじ2
　 └カレー粉‥‥小さじ1

納豆チーズオムレツ

㈠ ボウルに納豆を入れ、添付のたれ、細ねぎを加えて混ぜる。

㈡ 別のボウルに卵を溶きほぐし、㈠、チーズを入れて混ぜ合わせる。

㈢ フライパンにサラダ油を熱し、㈡を流し入れて大きくかき混ぜる。半熟状になってきたらフライパンの向こう側に寄せ、オムレツの形にして30秒ほどそのまま焼き、器に盛る。

㈠、㈡は、同じボウルで続けて作ってもOK。

材料 1〜2人分

卵‥‥2個
納豆(好みのもの)‥‥1パック(40〜50g)
細ねぎ(小口切り)‥‥1/6束(15g)
ピザ用チーズ‥‥15g
サラダ油‥‥小さじ1

栃尾揚げ納豆サンド焼き

㈠油揚げは、厚みを半分に切る。

㈡ボウルに納豆を入れ、添付のたれを加えて混ぜる。㈠の片方の切り口に納豆をのせ、もう一方でサンドする。

㈢予熱しておいたオーブントースターの天板にオーブンシートをしき、㈡を入れてカリッと焼き色がつくまで4～5分焼き、食べやすい幅に切る。

㈣器に盛り、長ねぎをのせて削り節をふり、味をみてしょうゆをかける。

魚焼きグリルで焼く場合は、焦げやすいのでこまめに見ながら火加減に注意しましょう。

材料 2人分

栃尾油揚げ*‥‥1枚(約180g)
ひきわり納豆‥‥1パック(40g)
長ねぎ(小口切り)‥‥3㎝分
削り節‥‥小1袋(2g)
しょうゆ‥‥適量

＊新潟県長岡市栃尾地域で作られる郷土料理の油揚げ。標準的なものよりもふっくらとして厚みがあり、大豆の味がしっかりと生きている。

汁まで旨い温泉湯豆腐

㈠ 豆腐は食べやすい大きさに切る。鍋に昆布、水を入れて10分ほどおく。

㈡ ㈠の鍋にAを入れて混ぜ、豆腐を加えて火にかける。煮立ったら弱火にして、ぐらぐら沸騰させないように5〜6分煮る。

㈢ 豆腐の角が溶けてきたら器に盛り、好みのB（薬味）でいただく。

温泉湯豆腐は、嬉野温泉（佐賀県）名物の温泉水で作った湯豆腐が由来。重曹を加えることで豆腐の角が溶けて、とろとろに仕上がります。

材料｜2人分

木綿豆腐‥‥1丁
だし昆布‥‥5〜6㎝
水‥‥300ml
A ┌豆乳‥‥200ml
　 └重曹‥‥小さじ1
B ┌細ねぎ（小口切り）‥‥適量
　 └塩・ぽん酢（市販）‥‥各適量

煮込みで一杯

コトコト煮込んだ
あったか料理は
寒い冬の晩酌のお楽しみ
甘辛醤油味、あっさり塩味
ピリ辛味、コク旨味噌味
好みのお酒でゆるゆると

手作りおでん

材料 | 4人分

大根・・・・$\frac{1}{2}$本(600g)
練り物(2種)・・・・各4枚
結びしらたき・・・・8個
結び昆布(市販)・・・・4個
卵・・・・4個

A
- だし汁・・・・800ml
- しょうゆ・みりん・・・・各大さじ3
- 砂糖・・・・小さじ1
- 塩・・・・小さじ$\frac{1}{4}$

練りからし・・・・適量

一 大根は2㎝幅に切って皮をむき、米のとぎ汁(または水)で20分ほど下ゆでする。練り物は熱湯をかけて油抜きし、しらたきは水からゆでて、煮立ったらザルに上げる。卵は熱湯で7〜8分ゆでて殻をむく。

二 鍋にAを入れて煮立て、大根、練り物、しらたき、結び昆布を加えて、煮立ったら弱火にして15分煮る。

三 ゆで卵を入れて1〜2分煮る。器に盛り、練りからしを添える。

煮上がってすぐ食べられますが、できれば火を止めて冷めるまでおき、再びあたためてからのほうがおいしくなります。多めに作ってゆっくり味わう、おうちならではのじんわり味のしみたおでんをお楽しみください。

牡蠣とほうれん草のクリーム煮

一 ボウルに牡蠣を入れ、粗塩をふってもみ洗いし、汚れが泡のようになって出てきたら水を何回かかえて水洗いし、水気を拭く。ほうれん草は熱湯で下ゆでし、3㎝長さに切って水気を絞る。玉ねぎは繊維に沿って薄切りにする。

二 フライパンにバターを溶かし、小麦粉をまぶしながら牡蠣を並べ入れ、あいたところに玉ねぎを入れる。玉ねぎを炒めながら、牡蠣はときどき上下を返して、弱めの中火で2〜3分焼く。

三 白ワインを入れ、水分が半量くらいになるまで2分ほど煮つめ、Aを加えて1〜2分煮る。最後にほうれん草を加え、あたためる程度で火を止める。

材料 3〜4人分

生牡蠣(加熱用)‥‥12個(360g)
粗塩‥‥大さじ1
ほうれん草‥‥大½束(150g)
玉ねぎ‥‥½個
バター‥‥20g
小麦粉‥‥適量
白ワイン‥‥100ml
A
- 生クリーム‥‥100ml
- 塩‥‥小さじ⅓
- こしょう‥‥少々

あさりと豚肉の煮込み ポルトガル風

㈠ トマト、玉ねぎ、パプリカは1.5㎝角に切る。

㈡ フライパンにオリーブ油を熱し、にんにく、玉ねぎ、豚肉を入れて2分ほど炒める。

㈢ トマト、パプリカ、あさり、白ワイン、Aを加えてふたをし、煮立ったら弱火にして肉がやわらかくなるまで30分ほど煮る。

パプリカパウダーは、唐辛子の仲間で辛味のない品種のパプリカを粉状にしたもの。煮込み料理やスープ、肉・魚料理、サラダなど、料理の仕上げに加えて赤い彩りを添えます。

材料｜4人分

あさり(砂抜き)‥‥300g
豚肉(カレー用)‥‥400g
トマト‥‥大1個(200g)
玉ねぎ‥‥½個
赤パプリカ‥‥½個
にんにく(みじん切り)‥‥2かけ分
オリーブ油‥‥大さじ2
白ワイン‥‥200ml
A ┌パプリカパウダー‥‥小さじ1
　│塩‥‥小さじ⅓
　└こしょう‥‥少々

もつ煮

㊀ 鍋に湯を沸かし、白もつ、しょうが、長ねぎの青い部分を入れ、2分ほどゆでてザルに上げる（湯は捨てる）。

㊁ ごぼうは乱切り、豆腐はひと口大に切り、長ねぎは1cm幅に切る。

㊂ 鍋にAを入れて煮立て、㊀、ごぼうを入れて、弱火で7〜8分煮る。豆腐を加え、さらに2〜3分煮て長ねぎを加え、3分煮る。

㊃ 最後にみそを溶き入れ、火を止める。器に盛り、好みで七味唐辛子をふる。

白もつは、下ゆでする と余分な脂肪が落ちて臭みも取れる。下処理済みのものがおすすめ。

材料 4人分

豚白もつ（下処理済み）‥‥200g
しょうが（薄切り・あれば）‥‥小1かけ分
長ねぎの青い部分（あれば）‥‥適量
ごぼう‥‥1/2本（80g）
木綿豆腐‥‥1/2丁（150g）
長ねぎ‥‥1/2本

A
- だし汁‥‥400ml
- 酒‥‥1/2カップ
- みそ‥‥大さじ1
- おろしにんにく‥‥小さじ1/2

みそ‥‥大さじ1
七味唐辛子‥‥適量

HOPPY

ピリ辛牛すじ大根

㊀ 鍋にたっぷりの湯を沸かして牛すじを入れ、再び煮立ったらザルに上げて水洗いし、大きめのひと口大に切る（湯は捨てる）。大根は皮をむき、３cm幅に切ってから２〜３cm角に切る。

㊁ 鍋にA、㊀の牛すじを入れ、ふたをして弱火で１時間ほど煮る。途中、出たアクは取る。

㊂ ふたを取り、大根を入れてさらに20分ほど煮る。

牛すじは、たっぷりの熱湯で一度ゆでこぼす。

材料｜４人分

牛すじ‥‥400g
大根‥‥1/3本（500g）
A
- 水‥‥1200ml
- 酒‥‥100ml
- しょうゆ・みりん‥‥各大さじ４と1/2
- しょうが（薄切り）‥‥２かけ分
- 豆板醤‥‥小さじ１

煮上がってすぐ食べられますが、できれば火を止めて冷めるまでおき、再びあたためてからのほうがおいしくなります。

たこと里芋のやわらか煮

㊀ たこは大きめのひと口大に切る。里芋は皮をむいて縦半分に切り、流水でさっと洗う。

㊁ 鍋にAを入れて煮立て、たこを加えて30分煮る。

㊂ 里芋を入れ、やわらかくなるまでさらに15分ほど煮る。

昆布だし汁は市販のだしの素でも代用ＯＫ。鰹節が入らない昆布のだしの素が合います。

材料 4人分

たこの足‥‥２本(250g)
里芋‥‥６個(500g)
A
- 昆布だし汁*‥‥400ml
- 酒‥‥100ml
- しょうゆ・みりん‥‥各大さじ２
- 砂糖‥‥小さじ１

＊鍋に２カップの水、だし昆布４〜５㎝を入れて30分ほどおき、火にかけて沸騰直前に昆布を取り出して作る。

酒

冬のラタトゥイユ

一 長ねぎ、小松菜は3cm長さに切る。大根は皮をむき、1cm厚さのいちょう切りにする。トマトはざく切り、にんにくは半分に切ってつぶす。

二 フライパンにオリーブ油を熱し、長ねぎ、にんにく、大根を入れて中火で2~3分炒める。白ワインを加え、強めの中火にして2分ほど煮る。

三 A、トマトを入れてふたをし、弱火で15分ほど煮る。大根がやわらかくなったらふたを取り、強めの中火にして小松菜を加え、汁気がなくなるまで1~2分煮つめる。

材料 4人分

長ねぎ‥‥1本
大根‥‥1/3本(400g)
小松菜‥‥1束(100g)
トマト‥‥大1個(200g)
にんにく‥‥2かけ
オリーブ油‥‥大さじ2
白ワイン‥‥70ml
A
- 水‥‥200ml
- コンソメ(顆粒)‥‥小さじ1/2
- 塩‥‥小さじ1/3
- こしょう‥‥少々

塩豚とキャベツの極旨煮込み

一 ボウルに豚肉を入れ、塩をふってもみ込み、ラップをして冷蔵庫に1時間おき、さっと水洗いして水気を拭く。キャベツは大きめのざく切り、にんにくは半分に切ってつぶす。

二 フライパンにオリーブ油を熱してにんにくを入れ、香りが立ってきたら豚肉を加えて強めの中火で2〜3分炒め、Aを入れる。

三 豚肉の上にキャベツをのせ、ふたをして弱火にし、肉がやわらかくなるまで40分ほど煮る。ときどきふたを開け、焦げつかないように注意する。

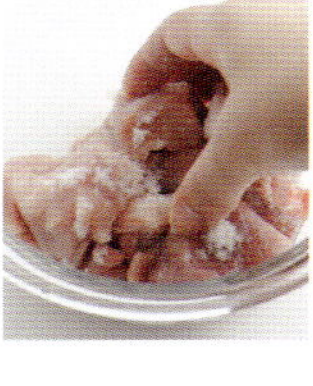

豚肉は塩をよくもみ込んでおく。

材料 4人分

豚肉（カレー用）････400g
塩････大さじ½
キャベツ････⅓個（600g）
にんにく････2かけ
オリーブ油････大さじ2
A「白ワイン････200ml
　 塩・こしょう････各少々

おつまみ煮込みハンバーグ

㈠ボウルにひき肉、玉ねぎ、Aを入れ、少し粘り気が出るまで練り混ぜ、10〜12等分にして小判形に形作る。まいたけ、しめじは石づきを取り、小房に分ける。

㈡フライパンにサラダ油を熱し、㈠の肉だねを平たく丸めて並べ入れ、片面を2分ずつ焼く。

㈢赤ワインを加えて強めの中火にし、水分が半量くらいになるまで2〜3分煮つめる。

㈣B、まいたけ、しめじを加えて、2〜3分煮る。

合わせるお酒は、料理にも使っているので赤ワインが一番。軽めよりやや深めのボルドータイプがおすすめ。

材料 4人分

合いびき肉‥‥400g
玉ねぎ（みじん切り）‥‥½個分
A
- 卵‥‥1個
- パン粉‥‥大さじ4
- 塩‥‥小さじ⅓
- ナツメグ・粗びき黒こしょう‥‥各少々

まいたけ‥‥1パック（80g）
しめじ‥‥1パック（100g）
サラダ油‥‥小さじ1
赤ワイン‥‥100ml
B
- 水‥‥200ml
- デミグラスソース（市販）‥‥50g
- しょうゆ‥‥小さじ1
- 塩‥‥小さじ⅓
- 粗びき黒こしょう‥‥少々

手羽元とじゃがいものコチュジャン煮

一 じゃがいもは皮をむき、大きめのひと口大に切る。玉ねぎは芯がついたまま、繊維に沿って6等分くらいのくし形に切る。

二 鍋に手羽元、**A**を入れて煮立て、沸騰したらアクを取り、ふたをして弱めの中火で15分煮る。

三 じゃがいも、玉ねぎを加え、さらに15分ほど煮る。

手羽元を使うのは、骨つき肉のほうが圧倒的にだしが出るため。大きめのひと口大に切った鶏もも肉でも代用ＯＫ。

材料 4人分

鶏手羽元‥‥８本
じゃがいも‥‥２個
玉ねぎ‥‥１個

A
- 水‥‥600ml
- 酒‥‥100ml
- コチュジャン‥‥大さじ２
- しょうゆ‥‥大さじ１
- 砂糖‥‥小さじ１
- おろしにんにく‥‥小さじ½

白菜とベーコンの酒粕とろとろ煮

㊀ ボウルに酒粕、かぶるくらいのぬるま湯を入れ、15分ほどおいてやわらかくする。ぬるま湯を捨ててみそを加え、泡立て器などで混ぜる。さらに豆乳を少しずつ入れながら混ぜ合わせる。

㊁ 白菜は、芯がついたまま縦半分に切る。ベーコンは長さを4等分に切る。

㊂ 鍋に㊁、だし汁を入れ、ふたをして弱火で20分ほど煮る。㊀を加え、煮立つ手前で火を止める。

材料 4人分

白菜‥‥1/6株（450g）
ベーコン‥‥4枚
酒粕‥‥50g
みそ‥‥大さじ2
だし汁‥‥300ml
豆乳‥‥200ml

多めに作ってストックしておけば、帰宅してすぐ一杯やれます。

切り干し大根のコチュジャン漬け

㊀ ボウルにたっぷりの水、切り干し大根を入れてもみ洗いし、水をかえて5分ほどおいてかために戻し、水気を軽く絞る。

㊁ さきいかは、食べやすい長さにちぎる。

㊂ ボウルにAを入れて混ぜ、㊀、㊁を加えて和える。味をなじませるため、ラップをして冷蔵庫に30分以上おく。

★保存容器（または密閉袋）に入れ、冷蔵庫で1週間保存可能。

ほんのり辛いコリコリ食感の切り干し大根の隙間から、さきいかの旨味が現れます。

材料　作りやすい分量

切り干し大根‥‥80g
さきいか‥‥40g
A ┌コチュジャン‥‥大さじ2
　 │はちみつ‥‥大さじ1
　 └ごま油‥‥小さじ1

煎り大豆のめんつゆ漬け

一 にんじんは7〜8㎜角に切り、ボウルに入れてAを加える。

二 フライパンに大豆を入れ、焼き色がつくまで揺すりながら3〜4分空煎りする。

三 一に二を入れて、混ぜる。冷めたらすぐ食べられるが、1時間以上おくと味がよくしみる。

★冷めてから保存容器（または密閉袋）に入れ、冷蔵庫で1週間保存可能。

節分の豆まきで使う大豆をさらにフライパンで煎ることで、香ばしく仕上がります。

材料 作りやすい分量

煎り大豆‥‥100g
にんじん‥‥中1/3本（50g）
A
- 水‥‥200ml
- めんつゆ（3倍濃縮タイプ）‥‥大さじ3
- 酢‥‥大さじ1

きのこ四種のビネガーオイル漬け

㊀ しめじ、まいたけは石づきを取り、小房に分ける。えのきだけは石づきを取り、長さを半分に切ってほぐす。エリンギは長さを半分に切ってから薄切りにする。

㊁ フライパンに㊀を入れ、にんにく、タイムを加えてAを入れ、ふたをして2分ほど火にかける。ふたを開けて全体を混ぜ、再びふたをして弱火で3分蒸し焼きにする。

㊂ ふたを開けてもう一度混ぜ、全体がしんなりしたら火を止め、Bを入れて混ぜる。冷めたらすぐ食べられる。

★冷めてから保存容器（または密閉袋）に入れ、冷蔵庫で10日ほど保存可能。

材料をプラスするなら、にんじんやれんこんの薄切り、下ゆでしたごぼうの斜め薄切りなど。

材料　作りやすい分量

しめじ‥‥ 1パック(100g)
まいたけ‥‥ 1パック(80g)
えのきだけ‥‥大1パック(200g)
エリンギ‥‥ 1パック(100g)
にんにく(薄切り)‥‥2かけ分
タイム(生・あれば)‥‥ 1枝

A
- 白ワイン‥‥70ml
- 塩‥‥小さじ1
- こしょう‥‥少々

B
- オリーブ油‥‥100ml
- 白ワインビネガー(または酢)‥‥大さじ2

旨辛雷こんにゃく

㊀ こんにゃくは小さめのひと口大に手でちぎり、熱湯でさっと下ゆでしてザルに上げる。

㊁ フライパンにごま油を強めの中火で熱し、㊀を入れて全体がチリチリして焼き色がつくまで4～5分炒める。

㊂ Aを加え、汁気がほとんどなくなるまで2分ほど炒めて、火を止める。器に盛り、七味唐辛子をふる。

★冷めてから保存容器（または密閉袋）に入れ、冷蔵庫で1週間保存可能。

こんにゃくはちぎることで表面積が増え、味がよくなじんで舌触りもよくなります。

材料｜作りやすい分量

こんにゃく（黒）‥‥2枚（500g）
ごま油‥‥大さじ1
A［だし汁‥‥大さじ4
　 酒・砂糖・しょうゆ‥‥各大さじ2
七味唐辛子‥‥適量

半熟卵のソース醤油漬け

㈠ 小さめの鍋に卵を入れ、かぶるくらいの水、Aを入れて火にかける。沸騰してから4分ゆでて冷水に取り、殻をむく。

㈡ 保存容器（または密閉袋）にBを入れて混ぜ、㈠を加えて冷蔵庫で3時間以上漬ける。

★冷蔵庫で1週間保存可能。

酢と塩を入れるのは、途中で卵が割れても白身が広がりにくくするため。

材料 作りやすい分量

卵‥‥4個

A［塩・酢‥‥各少々

B［水‥‥100ml
ウスターソース‥‥大さじ2
しょうゆ‥‥大さじ1

牡蠣の旨辛オイル漬け

㊀ ボウルに牡蠣を入れ、粗塩をふってもみ洗いし（134頁参照）、汚れが泡のようになって出てきたら水洗いして水気を拭く。

㊁ テフロン加工のフライパンを熱して㊀を並べ入れ、1〜2分焼いて牡蠣がぷっくりしてきたら上下を返す。フライパンのあいているところににんにくを入れ、混ぜておいた**A**を回しかけて、汁気がなくなるまで上下を返しながら3〜4分煎る。

(材料 作りやすい分量)

生牡蠣（加熱用）・・・・大12個（約400g）
粗塩・・・・大さじ1
にんにく（薄切り）・・・・2かけ分
A ┌赤唐辛子（小口切り）・・・・少々
　 │しょうゆ・みりん・・・・各大さじ1
　 └塩・・・・少々
サラダ油・・・・150ml〜200ml
ごま油・・・・大さじ1〜2

㊂ 保存容器に㊁を入れ、サラダ油をかぶるくらいまで注いでごま油を加える。冷めてから冷蔵庫に入れ、2時間ほどおく。

★冷蔵庫で1週間保存可能。

牡蠣は煎りながら汁気をしっかり飛ばすのがポイント。ここでは牡蠣を空煎りするので、テフロン加工のフライパンを使用。鉄などのフライパンで油をひかずそのまま並べて焼くと、材料がくっつきやすくなるからです。

カリフラワーとにんじんの山椒ピクルス

㊀ カリフラワーは小房に分け、大きいものは半分に切る。にんじんは皮をむき、3㎝長さの棒状に切る。どちらもボウルに入れる。

㊁ 鍋に**A**を入れて煮立て、㊀のボウルに一気に注ぎ入れる。

㊂ 冷めるまでそのまま常温におく。

★保存容器（または密閉袋）に入れ、冷蔵庫で10日ほど保存可能。

冷めればすぐ食べられます。

材料｜作りやすい分量

カリフラワー‥‥1/3株（150g）
にんじん‥‥大1/2本（100g）
A
- しょうが（薄切り）‥‥1かけ分
- 水‥‥300ml
- 酢‥‥100ml
- しょうゆ‥‥大さじ2
- 砂糖‥‥大さじ1
- 塩‥‥小さじ1/3
- 粉山椒‥‥少々

アボカドの豆板醤めんつゆ漬け

㊀ 保存容器にAを入れ、よく混ぜる。

㊁ アボカドは皮と種を除き、4つ割りにして㊀に入れ、冷蔵庫に入れて3時間以上漬ける。

㊂ 食べるときは、適当な大きさに切ってから器に盛る。

★保存容器（または密閉袋）に入れ、冷蔵庫で1週間保存可能。

材料 作りやすい分量

アボカド（かためのもの）‥‥2個

A
- 水‥‥400ml
- めんつゆ（3倍濃縮タイプ）‥‥大さじ5
- 豆板醤‥‥大さじ½

初江さんの

冬野菜 あれやこれや

【白菜と大根】

冬にみずみずしいものが出回る白菜と大根は、塩もみにするのがいいですね。塩もみすると水分が出てカサが減るので、ストックしておいて炒め物や浅漬けなどに使います。切り方は好みですが、白菜なら繊維を断つようにざくざく切って千切りにしたり、ひと口大に切ったり。大根は千切りやいちょう切りに。切ったらボウル（またはポリ袋）に入れて塩少々をふり、出た水気を絞って保存袋などに入れて冷蔵庫でストック。必要な分だけ取り出して使えるので便利です。合わせる素材は、豚肉や鶏肉などなんでもOK。すりごまを加えて炒めたり、味つけでオイスターソースやしょうゆを足しても薄塩なので大丈夫。浅漬けは、酢やレモン汁などを足しても。

乾燥している季節なら、干し野菜にするのもおすすめ。朝干して、夜に調理するという感じで、カラカラに乾燥させなくても半干しくらいで大丈夫。白菜はざく切り、大根はいちょう切りにしてザルに入れ、日が当たる場所（室内でOK）に置いておけば、たった半日でも水分が抜けてカサも減ります。半干しした野菜は加熱しても余計な水分が出ないので、たとえば、豚肉と塩・こしょうで味つけして炒めるなど、炒め物に向いています。独特の歯ごたえもおいしいですね。あとは、みそ味やしょうゆ味でもいいですし、プレーンなものなのでどんな素材にも合うので、好みの野菜を足して炒めてもいいですね。

カサが減るということでは、冷凍野菜にするという手もあります。野菜は冷凍すると水分が出てカサが減るので、たとえば300gの白菜を炒めるなら、冷凍白菜は400gほど必要です。使いやすいようにひと口大にカットして保存袋に入れて冷凍庫でストック。同様に、キノコも冷凍するとカサが減るので、煮物にするなら倍量近く必要になります。

白菜の好きな食べ方としては、冬によくやるのがスープ煮。ベーコンと一緒にチキンスープ（またはコンソメスープ）で煮くずれるくらいまで煮て、ブラックペッパーをふり、粒マスタードを添えたりします。

大根の好きな食べ方は、カクテキにすることが多いです。一回塩に漬けてからヤンニョム（韓国の合わせ調味料）と混ぜて発酵させて塩漬けにするので、水分が出てカサも減ります。ほかには、細切りにして炒めてナンプラーで味つけしたり、ベーコンと炒め合わせたり。5㎜厚さくらいに切れば、あっという間においしい一品が作れます。

【ほうれん草と小松菜】

ほうれん草はアクが強いので、一回ゆでなければならないという手間が面倒ですね。炒め物にするならこんな方法でもアク抜きできます。フライパンにサラダ油を熱してほうれん草を入れ、塩をふってざっと炒めたら水をひたひたに注ぎ、煮立ったらザルに上げて水分は捨てる。そのままフライパンに戻して調理します。牡蠣と一緒にしょうゆ炒めにしたり、干し桜えびと炒めたり。さっとゆでてナムルにしても。すりごまを入れてもいいですね。

小松菜は冬になると茎もしっかりして炒めるだけでもおいしいですが、牡蠣や牛肉などと炒め合わせるとさらにおいしくなります。味つけは、オイスターソースとしょうゆ。また、冬になると「ちぢみ小松菜」が出回りますが、甘みが強いのでよくホットサラダにします。ちぢみ小松菜を炒めたら、熱いうちにドレッシングをかけて和えるだけででき上がり。アクが少ないので、味つけは塩・こしょうだけでも十分おいしいです。ほかには、豆腐や油揚げと一緒に炒めてしょうゆ味でとろみをつけても。

【春菊】

春菊も冬になると茎の太い立派なものが出回るので、生のままサラダにしてよく食べます。以前、生の春菊に、焼いたさば（もしくはあじ）のみりん干しをむしったものとねぎを和える料理を食べたことがあるのですが、すごくおいしかったのを覚えています。サラダには、146頁「ごま油醤油の稲庭にらうどん」のように最後に熱々のごま油をジュッとかけてもいいですね。和え物にするときは、手で少しもむようにすると味がなじんでおいしい。カリカリに焼いた油揚げやちくわと一緒に、生の春菊をごま油としょうゆで和えてもおいしいです。

【ブロッコリーとカリフラワー】

ブロッコリーも冬になると茎がしっかりしたものが出回ります。蕾より茎のほうが好きなので、茎の皮は厚めにむいて蕾の小房と一緒に塩ゆでにします（かためが好きなので30秒ほど）。小房のいいところだけを使うと茎が残るので、茎と小房を一緒に保存袋に入れ、冷凍保存するのがおすすめ。何か一品足りないようなときに、さっと取り出して凍ったまま炒めて料理に添えたり、お弁当のおかずとしても重宝します。

カリフラワーは生で食べるのが好きですが、ブイヨンなどでくずれるくらいまでやわらかく煮るのも好きです。スパイスにもよく合うので、15頁「カリフラワーのカレーケチャップ焼き」はよく作ります。生で食べるなら、97頁「カリフラワーのサラダ」のように、薄切りにしてドレッシングに漬ける感じにすると味がなじんでよりおいしくなります。

ブロッコリーもカリフラワーも、かために塩ゆでして冷凍保存に向く素材。肉や厚揚げなどと凍ったまま炒め合わせれば、すぐにおいしい一品が作れます。

【れんこん】

れんこんは撮影などで中途半端に余ると、2cmくらいの厚切りにして、オリーブ油とにんにくでひたすら焼くのが好きです。れんこんがホクホクになるまで弱火でじっくり20分くらい焼くのですが、味つけは塩・こしょうだけ。合わせる素材を選ばないので、肉と合わせたいなら豚肉でも鶏肉でもなんでもおいしく作れます。そのほか、ナンプラー炒めやオイスターソース炒め、しょうゆソース炒めなど、どんな味つけで炒めてもおいしいです。

【せり】

根つきのせりは、以前はなかなか入手できなかったのですが、最近は冬になると根っこが立派なものが出回るので、根っこと油揚げだけの「せり鍋」をよくやります。根っこには泥がついているので、歯ブラシなどできれいに掃除してから調理するのがポイント。そのほかの食べ方としては、せりをゆでてごま和えにしたり、せりだけで作るチヂミもおいしいですよ。

ポテサラ

じゃがいも1個(150g)は洗ってラップで包み、電子レンジでやわらかくなるまで3～4分加熱し、ボウルに入れる。皮つきのままフォークで粗くくずし、酢小さじ1、塩・こしょう各少々を入れ、粗熱が取れたらマヨネーズ大さじ1、バター小さじ1を加えて混ぜる。食べやすく切った生ハム1～2枚分をトッピングする。

キャベツの明太もみ

キャベツ2枚(80g)は食べやすくちぎってボウルに入れ、塩少々ふってもんで、出た水分は捨てる。5㎜幅に切った辛子明太子20g、レモン汁小さじ1、オリーブ油小さじ½を加えて、和える。

白菜のシーザーサラダ

白菜(芯の部分)2枚(80g)は繊維を断つ方向に細く刻み、ボウルに入れる。ベーコン2枚は5㎜幅に切り、フライパンでカリカリに炒めて白菜と混ぜ、器に盛る。混ぜておいたドレッシング(粉チーズ大さじ1、おろしにんにく小さじ¼、マヨネーズ大さじ2、酢小さじ1、塩・こしょう各少々)をかけて和える。

長芋のさっと炒め

長芋5㎝ (150g)は皮をむき、太めの棒状に切る。フライパンにオリーブ油小さじ1を熱し、長芋を入れて1～2分さっと炒め、しょうゆ・塩・粗びき黒こしょう各少々を加えて、調味する。

材料はすべて2人分

ごぼうの柚子こしょう塩きんぴら

ごぼう1/3本(60g)は斜め薄切りにする。フライパンにサラダ油小さじ1を熱し、ごぼうを入れてしんなりするまで2〜3分炒め、A(みりん大さじ1、柚子こしょう小さじ1/4、塩少々)を加えて、汁気がなくなるまで炒める。

にんじんのバター味噌炒め

にんじん中1本(150g)は皮をむき、太めの棒状に切る。鍋に水100ml、バター10g、みそ小さじ2、棒状に切ったにんじんを入れ、落としぶたをして、やわらかくなるまで弱火で6〜7分煮る。最後に少し火を強めて、ほとんど汁気がなくなるまで煮からめる。

きのこの海苔わさび和え

まいたけ1パック(80g)、しめじ1/2パック(50g)は石づきを取り、食べやすい大きさに割く。フライパンに酒大さじ1、塩少々を入れて火にかけ、きのこを加えてしんなりするまで混ぜながら煮る。海苔の佃煮(市販)大さじ2、練りわさび小さじ1/3を加えて、混ぜる。

ほうれん草のホットサラダ

ほうれん草1/2束(100g)はざく切り、ハム2枚は太めの千切りにする。フライパンにオリーブ油大さじ1を強火で熱し、ほうれん草、ハムを入れてさっと炒め、少ししんなりしたら器に盛る。混ぜておいたA(酢大さじ1/2、粒マスタード小さじ1、塩ひとつまみ、こしょう少々)をかけて和える。

ブロッコリーのアンチョビ炒め

ブロッコリー1/3株強（100g）は小房に分け、それぞれ３〜４枚にスライスする。フライパンにオリーブ油大さじ1/2、アンチョビみじん切り２枚分、にんにくみじん切り小さじ１を入れて火にかけ、ブロッコリーを加えてしんなりするまで２分ほど炒める。パン粉大さじ２を加え、さらに１分ほど炒め合わせる。

削ぎ大根の梅わさび

大根５㎝（150g）はひと口大に削ぎ切り、器に盛る。ボウルに、種を除いて包丁でたたいた梅干し１個分、削り節２g、練りわさび小さじ1/2を入れて混ぜ、大根に添える。食べるときは、つけながらいただく。

れんこんのパリパリ焼き

れんこん小1/2節（80g）は皮つきのまま薄切りにする。フライパンにオリーブ油大さじ１を熱してれんこんを入れ、ときどき上下を返しながら、カリッとするまで弱めの中火で３〜４分焼く。キッチンペーパーに取り出して余分な油を吸い取り、器に盛り、バルサミコ酢小さじ１、しょうゆ小さじ1/2をふる。

カリフラワーのサラダ

カリフラワー1/4株（80g）は３〜４枚にスライスしてボウルに入れ、鮭フレーク（市販）大さじ１、イタリアンパセリのみじん切り大さじ１、酢・オリーブ油・塩・こしょう各少々を加えて、和える。

あったか豚しゃぶ

鍋に湯を沸かして、豚薄切り肉（しゃぶしゃぶ用）60g、レタス大1枚を入れ、ごく弱火にして20～30秒ゆでて水気をきり、ボウルに入れる。白すりごま大さじ1、ごま油・しょうゆ各小さじ1、塩・砂糖各少々を加えて、和える。

いかのチリソース

もんごいか100gは食べやすい大きさに切る。フライパンにごま油小さじ1を熱し、いかを入れて炒めて、トマトケチャップ大さじ1、酢小さじ1、豆板醤小さじ½、しょうゆ少々を加えて煮からめる。器に盛り、長ねぎのみじん切り適量をふる。

チキン南蛮のぬか漬けタルタルソース

鶏むね肉½枚はひと口大に削ぎ切り、塩・こしょう各少々、小麦粉大さじ1、酒大さじ½をからめる。フライパンにサラダ油大さじ1を熱して鶏肉を並べ入れ、肉に火が通るまで3～4分焼き、ぽん酢少々をからめて器に盛る。マヨネーズ、きゅうりのぬか漬けのみじん切り各大さじ1を混ぜて、肉にかける。

ソーセージとベーコン、シュークルートの白ワイン煮

鍋にソーセージ3本、3㎝幅に切ったベーコン1枚分、シュークルート*（瓶詰）200gを入れ、白ワインをひたひたに加えて火にかけ、煮立ったらコンソメ（顆粒）小さじ½、こしょう少々を加えて、弱火で2～3分煮る。

＊千切りキャベツを塩漬けにして発酵させたドイツ・アルザス地方の酸っぱい漬物。ザワークラフトともいう。

牛肉のシャリアピンステーキ風

牛肉（焼肉用）100gは塩・こしょう各少々をふる。フライパンにサラダ油小さじ½を熱して牛肉を入れ、焼き色がつくまで強めの中火で１分ほど焼いて器に盛る。同じフライパンに玉ねぎの粗みじん切り¼個分を入れ、残った油で焦がさないように２分ほど炒め、しょうゆ・みりん各小さじ１を加えて煮立て、牛肉にかける。

ベビー帆立とえのきのエスカルゴバター焼き

耐熱皿にベビーホタテ４個、半分に切ってほぐしたえのきだけ¼パック（30g）を入れ、混ぜておいたA（バター10g、パセリのみじん切り大さじ２、おろしにんにく小さじ⅓、塩・こしょう各少々）を散らしてのせ、予熱しておいたオーブントースターで焼き色がつくまで４〜５分焼く。

豆腐・チーズ

トースター田楽

木綿豆腐½丁はキッチンペーパーで包み、上にバットか皿２枚くらい置き、15分おいて水きりして１cm幅に切る。オーブントースターにアルミ箔をしき、豆腐を並べ入れて２分ほど加熱する。混ぜておいたA（白みそ・みりん各大さじ１）を豆腐にぬり、焼き色がつくまでさらに加熱する。器に盛り、たたいた木の芽（または山椒粉）を散らす。

揚げ焼きチーズハムカツ

スライスチーズは半分に折りたたんでハムではさみ、小麦粉・水各大さじ１を混ぜたもの、パン粉の順にまぶしつける。フライパンにサラダ油大さじ３を入れて弱めの中火であたため、ハムカツを加えてこんがり色づくまで揚げ焼きにする。

肉・魚で一杯

今夜の主菜は何にしよう
煮物、揚げ物、焼き物、炒め物
食べごたえのある肉料理か
ひねりのきいた魚介の一品か
合わせるお酒にも思い巡らせて
大いに迷うのもまた楽しい

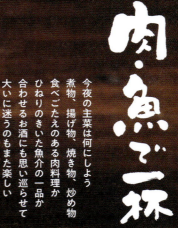

材料｜作りやすい分量

鶏レバー‥‥400g
しょうが（千切り）‥‥2かけ分
A 水‥‥150ml
酒‥‥100ml
しょうゆ‥‥大さじ3と½
砂糖‥‥大さじ3

鶏レバーの甘辛煮

一 レバーは水に30分ほどさらしてザルに上げ、ひと口大に切る。

二 鍋にA、しょうがを入れて煮立て、一を加える。再び煮立ったらアクを取り、弱めの中火にして15分ほど煮る。

三 水分が多いようなら、汁気がほとんどなくなるまでさらに2～3分煮つめる。

★冷めてから保存容器（または密閉袋）に入れ、冷蔵庫で1週間保存可能。

牛肉とごぼうのバルサミコ醤油炒め

㊀ ごぼうは斜め薄切りにする。

㊁ フライパンにオリーブ油を熱して㊀を入れ、1分ほど炒めてごぼうが少し透き通ってきたら牛肉を加え、強めの中火で2分ほど炒める。

㊂ 肉の赤みがほとんどなくなってきたらAを加え、汁気がなくなるまで炒める。

バルサミコ酢で炒めると、自然な甘味が出てさっぱり仕上がります。

材料｜2人分

牛切り落とし肉‥‥120g
ごぼう‥‥1/3本(60g)
オリーブ油‥‥小さじ1
A ┌バルサミコ酢‥‥大さじ1
　│しょうゆ‥‥小さじ1
　└粗びき黒こしょう‥‥少々

鶏皮の生姜ねぎぽん酢

㊀ 鶏皮は塩をふってもみ込み、水洗いしてザルに上げ、水気をきる。

㊁ 鍋にA、㊀を入れて煮立て、弱火で8分ほど煮る。

㊂ 鶏皮は細切りにして細ねぎと混ぜ、器に盛り、ぽん酢をかけて白ごまをふる。

鶏皮をゆでて残った汁はスープなどにアレンジしても。

材料｜2人分

鶏皮‥‥120g
塩‥‥小さじ1/3
A
- 水‥‥800ml
- しょうが（薄切り）‥‥1かけ分
- 長ねぎの青い部分‥‥1～2本分

細ねぎ（2cm長さに切る）‥‥2本
ぽん酢（市販）‥‥大さじ1/2
白ごま‥‥少々

韓国風唐揚げ コチュジャンソース和え

㊀ 鶏肉は大きめのひと口大に切ってボウルに入れ、Aを加えてもみ込み、小麦粉を薄くまぶしつける。

㊁ 中温（約170度）に熱した揚げ油に㊀を入れて3〜4分揚げ、油の温度を少し上げてさらに30秒揚げ、取り出して油をきる。

㊂ 大きめのボウルにBを入れてよく混ぜ、㊁を加えてからめる。器に盛り、ミックスナッツをふる。

鶏肉にAをもみ込んで小麦粉をまぶすのは、ポリ袋に入れてやってもOK。

菜箸とスプーンを使って、唐揚げにたれをよくからめる。

材料 2〜3人分

鶏もも肉‥‥2枚
A
- 酒‥‥大さじ1
- しょうゆ‥‥小さじ1
- 塩・こしょう‥‥各少々

小麦粉‥‥大さじ4
揚げ油‥‥適量
B
- コチュジャン‥‥大さじ1
- はちみつ‥‥大さじ½
- ごま油・しょうゆ‥‥各小さじ½
- おろしにんにく‥‥小さじ⅓
- 塩・こしょう‥‥各少々

ミックスナッツ（粗みじん切り）‥‥20g

長ねぎ入りおつまみ生姜焼き

㈠ 長ねぎは斜め薄切りにする。

㈡ フライパンにサラダ油を熱し、豚肉を入れて強めの中火で1分ほど炒める。

㈢ 肉の色が変わったら㈠を入れて軽く炒め合わせ、混ぜておいたAを加えて汁気がほとんどなくなるまで炒める。

材料｜2人分

豚こま切れ肉‥‥120g
長ねぎ‥‥1/3本
サラダ油‥‥小さじ1
A しょうゆ・みりん‥‥各大さじ1
A おろししょうが‥‥大さじ1

ラムチョップのスパイス焼き

㈠ボウルにAを入れて混ぜ、ラムを加えてもみ込み、常温に10分ほどおく。

㈡フライパンにサラダ油を熱し、㈠の脂の部分を下に縦にして並べ、弱めの中火で2分ほど焼く。

㈢盛りつけたときに、肉の表になる面を下にして2分ほど焼き、上下を返して、フライパンの脂をかけながらさらに1分ほど焼く。器に盛り、好みでミントなどの香草（材料外）を添えても。

ラムを背の部分から焼くのは、脂身から脂を溶け出させるため。

材料 2人分

ラムチョップ‥‥4本

A
- サラダ油・クミン（粒）‥‥各小さじ1
- 一味唐辛子・コリアンダー‥‥各小さじ⅓
- おろしにんにく‥‥小さじ⅓
- 塩‥‥小さじ¼
- こしょう‥‥少々

サラダ油‥‥小さじ1

砂肝のバター醤油炒め

㈠ 砂肝は白い部分を薄く削ぎ切り、厚みを半分に切る。長ねぎは斜め薄切りにする。

㈡ フライパンにバターを溶かして砂肝を入れ、強めの中火で2分炒める。

㈢ 焼き色がついてきたら、長ねぎ、もやしを加え、**A**を入れて1分ほど炒め合わせる。

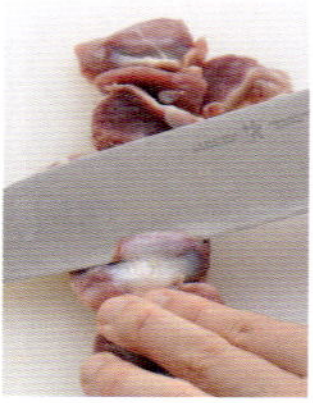

砂肝の白い部分は包丁をねかせて削ぎ切る。すべて取り除かなくても、少しくらい残っていても大丈夫。

材料｜2人分

砂肝‥‥5〜6個（200g）
長ねぎ‥‥1/3本
もやし‥‥1/2袋（100g）
バター‥‥20g
A
- 酒‥‥大さじ1
- しょうゆ‥‥小さじ1
- 塩・粗びき黒こしょう‥‥各少々

ぶりの煮おろし

㊀ ぶりは1切れを3等分に削ぎ切り、ボウルに入れてAをからめ、10分ほどおいて水気を拭き、小麦粉を薄くまぶす。パプリカは乱切りにする。

㊁ フライパンにサラダ油を熱して㊀を並べ入れ、ぶりは片面2分ずつ、パプリカは1分ずつ焼いて取り出す。

㊂ キッチンペーパーで㊁のフライパンをさっと拭き、Bを入れて煮立てる。ぶり、パプリカを戻し入れ、再び煮立ったら大根おろしを加える。器に盛り、好みで七味唐辛子をふる。

材料 2人分

ぶりの切り身‥‥2切れ
A ┌酒‥‥大さじ1
　 └塩‥‥少々
小麦粉‥‥大さじ1
赤パプリカ‥‥½個
サラダ油‥‥大さじ1
B ┌水‥‥200ml
　 └めんつゆ（3倍濃縮タイプ）‥‥大さじ3
大根おろし（汁気をきる）‥‥200g
七味唐辛子‥‥適量

たらのサルサヴェルデ

㊀ ボウルにたらを入れてAをからめ、10分ほどおいて水気を拭き、小麦粉を薄くまぶす。

㊁ フライパンにオリーブ油を熱し、㊀を並べ入れて2分ほど焼き、上下を返して2分焼く。あいたところに玉ねぎを入れ、炒めながらさらに1分ほど焼く。

㊂ Bを加えて煮立て、弱火にしてフライパンをゆすりながら少しとろみがつくまで1分ほど煮る。パセリ、ケッパーを加え、ひと混ぜして火を止める。

スパークリングワインがよく合います。サルサヴェルデとはスペイン語で「緑のソース」という意味で、パセリやミント、バジルなどをベースに作るメキシコ料理の万能ソースのこと。酸味がきいてさっぱりしているので、肉や魚料理との相性抜群です。

材料｜2人分

たらの切り身‥‥2切れ

A
- 白ワイン‥‥大さじ1
- 塩・こしょう‥‥各少々

小麦粉‥‥大さじ1

オリーブ油‥‥大さじ½

玉ねぎ（粗みじん切り）‥‥¼個分

B
- 白ワイン‥‥70ml
- 酢‥‥小さじ1
- 塩‥‥小さじ¼
- こしょう‥‥少々

パセリ（粗みじん切り）‥‥2本分

ケッパーの酢漬け（粗みじん切り）‥‥大さじ1

ほたてのバター醤油焼き

㊀ フライパンにバターを溶かし、ほたてを入れて強めの中火にして、両面を手早く30秒ずつ焼く。

㊁ 混ぜておいたAを加え、さっとからめて火を止める。

しょうゆの量はお好みで。ほたては焼き過ぎるとかたくなるので注意。

材料 2人分

ほたて貝柱(刺身用)‥‥6～8個(150g)
バター‥‥15g
A しょうゆ‥‥小さじ1
A 練りわさび‥‥小さじ½

鯛のカルパッチョ

一 鯛は薄切りにする。いちごはへたを取り、縦薄切りにする。ベビーリーフ、クレソンは葉をつむ。

二 器にベビーリーフ、クレソンをしき、鯛、いちごを彩りよく盛りつけて、混ぜておいたAを回しかける。

鯛の刺身は、冷凍庫に入れて2時間ほど凍らせてから切ると薄く上手に切れます。

材料 2人分

真鯛の刺身（さく）‥‥80g
いちご‥‥3個
ベビーリーフ‥‥1袋（30g）
クレソン‥‥1/4束（10g）
A ┌バルサミコ酢・オリーブ油‥‥各大さじ1/2
　└塩・こしょう‥‥各少々

えびと野菜の黒胡麻フリッター

㊀ えびは尾をひと節残して殻をむき、背ワタを取って尾の先を切り、水気をおさえる。ブロッコリーは小房に分け（5～6個）、さつまいもは7～8㎜幅の薄切りにする。

㊁ ボウルにAを入れて混ぜ、天ぷら衣くらいのかたさ（上からたらすとろとろと落ちてくる）になるまで混ぜ合わせる。

㊂ ㊀を㊁にくぐらせて、中温（約170度）に熱した揚げ油で揚げる。えび、ブロッコリーは1分、さつまいもは2～3分揚げて取り出し、油をきる。器に盛り、花椒塩を添える。

えびは尾の先を少し切り、中にたまっている水分を包丁の先でしごき出す。こうしておくと油はねの心配がありません。炭酸水を入れるのは、水よりサクッと仕上がるため。

材料　2人分

えび（中）‥‥6尾（140g）
ブロッコリー‥‥1/3株（80g）
さつまいも‥‥1/4本（60g）
A
- 小麦粉‥‥50g
- 炭酸水‥‥70ml
- 黒ごま‥‥大さじ1/2
- 塩・こしょう‥‥各少々

揚げ油‥‥適量
花椒塩（市販）‥‥適量

さばの味噌煮

㈠ さばは皮目に包丁で十字の切り目を入れ、熱湯をさっとかけて（または熱湯にさっとくぐらせて）臭み抜きをする。長ねぎは3〜4cm長さに切り、しょうがは薄切りにする。

㈡ 鍋（またはフライパン）にAを入れて煮立て、㈠を加えて落としぶたをし、弱めの中火で7〜8分煮る。

㈢ 煮汁が半分くらいに煮つまったら、最後にみそを溶き入れて火を止める。

材料 2人分

さばの切り身‥‥2切れ
長ねぎ‥‥1本
しょうが‥‥2かけ
A ┌水‥‥200ml
　 │酒‥‥100ml
　 └砂糖・みそ‥‥各大さじ2
みそ‥‥大さじ½

小鍋で一杯

冬つまみの王道といえば
何といっても熱々の鍋料理
伝統的な和風鍋から
アジア風の辛味鍋まで
身も心もあったまる
小鍋仕立ての一品です

材料 2人分

まぐろの刺身（中とろ・さく）‥‥150g
長ねぎ‥‥1本
サラダ油‥‥小さじ1
A ┌水‥‥300ml
　└めんつゆ（3倍濃縮タイプ）‥‥大さじ3
粗びき黒こしょう‥‥適量

ねぎま鍋

㊀ まぐろは1.5cm幅に切り、長ねぎは3cm長さに切る。

㊁ フライパンにサラダ油を熱して㊀の長ねぎを入れ、弱めの中火で片面2分ずつ焼いて焼き色をつける。

㊂ 小鍋にAを入れて煮立て、㊀、㊁を適量ずつ加えて、好みの煮加減で器によそって黒こしょうをかけていただく。

まぐろはさっと煮て、レアで食べるのがおすすめ。

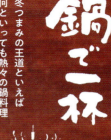

油揚げとせりの鍋

㈠ 油揚げは1枚を4等分の三角形に切る。せりは4～5cm長さに切る。

㈡ 小鍋に**A**を入れて煮立て、㈠を適量ずつ加え、好みの煮加減で器によそっていただく。

好みで、七味唐辛子、細ねぎの小口切り、柚子こしょうなどを加えても。その他の具材としては、豚薄切り肉やベーコン、鶏肉などを加えても。

材料 2人分

油揚げ‥‥2枚
せり‥‥1束(100g)
A
- だし汁‥‥300ml
- 薄口しょうゆ・みりん‥‥各大さじ1
- 塩‥‥少々

鶏団子みぞれ鍋

㊀ ボウルにひき肉、**A**を入れてよく混ぜ、直径3〜4㎝に丸める。大根おろしはザルに上げ、軽く水気をきる。水菜は4〜5㎝長さに切る。

㊁ 小鍋に**B**を入れて煮立て、㊀の鶏団子を加えてアクを取り、弱火で4分ほど煮る。

㊂ 大根おろしをのせて柚子皮を散らし、水菜を入れる。器に汁ごとよそっていただく。

鶏団子は煮過ぎないよう注意しましょう。水菜はさっと煮るくらいで。

材料 2人分

鶏ひき肉‥‥200g

A
- 酒‥‥大さじ2
- 片栗粉‥‥大さじ1
- おろししょうが‥‥小さじ1
- 塩‥‥小さじ1/4
- こしょう‥‥少々

大根おろし‥‥150g
水菜‥‥1/2束(80g)

B
- だし汁‥‥300ml
- 薄口しょうゆ・みりん‥‥各大さじ1
- 塩‥‥小さじ1/4

柚子皮(千切り)‥‥適量

さば缶と長ねぎのキムチチゲ

㊀ 長ねぎは1㎝長さに切り、キムチはざく切りにする。

㊁ 小鍋にAを入れて煮立て、㊀、さば缶を汁ごと加える。

㊂ 再び煮立ったら、弱火にして2〜3分煮る。器に汁ごとよそっていただく。

材料｜2人分

さば水煮缶‥‥1缶（140g）
長ねぎ‥‥1/3本
キムチ‥‥80g
A ┌水‥‥400ml
　│鶏ガラスープの素・しょうゆ‥‥各小さじ1
　└おろしにんにく‥‥小さじ1/3

さば缶のかわりの具材としては、豚肉（カレー用）や豚のスペアリブなどでおいしく作れます。もっと簡単に作りたいなら、ツナ缶やスパムなどもおすすめ。

ぶつ切り鶏の塩鍋

一 鶏肉は熱湯でさっと下ゆでしてザルに上げ、水洗いする。玉ねぎは芯をつけたまま繊維に沿って4等分のくし形に切る。キャベツはざく切りにする。

二 小鍋に**A**を煮立て、鶏肉、玉ねぎを入れてアクを取り、弱火にして20分ほど煮る。

三 キャベツを加え、さらに1~2分煮る。器に汁ごとよそっていただく。

好みでポン酢をつけて食べても。

材料 2人分

鶏ぶつ切り肉‥‥400g
玉ねぎ‥‥1/2個
キャベツ‥‥3枚(100g)
A
- 水‥‥400ml
- 酒‥‥100ml
- 塩‥‥小さじ1/2
- こしょう‥‥少々

白菜漬けと豚バラ桜えび鍋

㊀ 白菜漬けは7〜8㎜幅に切る。豚肉は4〜5㎝長さに切る。

㊁ 鍋にA、にんにく、桜えびを入れて煮立て、㊀を加えて3〜4分煮る。

㊂ 器に汁ごとよそっていただく。

白菜と豚バラのおいしい組み合わせに桜えびの香ばしさがアクセント。古漬けの白菜漬けなら、独特の酸味と旨味が楽しめます。古漬けは通販などで入手可能。

材料｜2人分

白菜漬け（できれば古漬け）‥‥120g
豚バラ薄切り肉‥‥100g
干し桜えび‥‥5g
にんにく（薄切り）‥‥1かけ分
A
- 水‥‥300ml
- 紹興酒（または酒）‥‥大さじ3
- しょうゆ‥‥小さじ1
- 塩・こしょう‥‥各少々

しびれる辛さの麻辣《マーラー》火鍋

㊀ えのきだけは石づきを取ってほぐし、レタスは食べやすい大きさにちぎる。にんにく、しょうがは薄切りにする。

㊁ 小鍋にA、にんにく、しょうがを入れ、弱火で1～2分炒める。香りが立ってきたらBを加え、煮立てる。

㊂ 牛肉、えのきだけ、レタスを適量入れ、好みの煮加減でいただく。

具材は、豚バラ薄切り肉、白菜、長ねぎ、青梗菜、豆腐、しめじなどでも。

材料 2人分

牛薄切り肉（しゃぶしゃぶ用）････120g
えのきだけ････小1パック（100g）
レタス････3～4枚
にんにく・しょうが････各2かけ

A
- 豆板醤････大さじ1
- 花椒（粒）････大さじ1
- ごま油････大さじ1

B
- 水････400ml
- みりん････大さじ2
- しょうゆ････大さじ1
- 塩････少々

牡蠣と豆腐の酒粕豆乳鍋

㊀ 小鍋にぬるま湯を沸かし、酒粕を加えて20分ほどつける。やわらかくなったら湯を捨て、Aを少しずつ加えながらなめらかになるまで混ぜ合わせる。

㊁ ボウルに牡蠣を入れ、粗塩をふってもみ洗いし、汚れが泡のようになって出てきたら水を何回かかえて水洗いし、水気を拭く。

㊂ 豆腐は食べやすい大きさに切り、春菊は葉と茎をつむ。

㊃ ㊀に豆乳を入れて煮立て、㊁、㊂を加えて、煮えたものから汁ごとよそっていただく。

牡蠣をもんで黒っぽい泡が出てきたら、きれいになるまで数回水をかえる。

材料｜2人分

生牡蠣（加熱用）‥‥200〜250g
粗塩‥‥大さじ1
木綿豆腐‥‥1/2丁（150g）
春菊‥‥1/2束（50g）
酒粕‥‥50g
A ┌だし汁‥‥200ml
　└みそ‥‥大さじ2
豆乳‥‥200ml

えびとじゃがいものカレー鍋

㊀ じゃがいもは水洗いしてラップで包み、電子レンジで3〜4分、ややかために加熱して熱いうちに皮をむき、ひと口大に切る。

㊁ えびは節と節の間に竹串などを刺し、背ワタを取る。

㊂ 小鍋に**A**を入れて煮立て、㊀、㊁を加えて2〜3分煮る。器に汁ごとよそっていただく。

その他の具材としては、ソーセージや玉ねぎの薄切り、コーンなどを加えても。

材料 2人分

えび(有頭)・・・・4尾
じゃがいも・・・・大1個(200g)

A
- トマトジュース・・・・1缶(190g)
- 水・・・・200ml
- カレー粉・コンソメ(顆粒)・・・・各小さじ1
- おろしにんにく・塩・・・・各小さじ1/3
- こしょう・・・・少々

〆のごはん・麺

心地よく飲んだあとには
さっと軽くいただける
シンプルな味つけの
ごはんや麺がうれしいもの
手間いらずの一品から定番食まで
お腹も心も満たされます

材料 2人分

しじみ・・・・150g
ごはん・・・・200g
しょうが（千切り）・・・・２かけ分
貝割れ大根・・・・¼パック
A
- 水・・・・400ml
- 酒・・・・大さじ２
- 鶏ガラスープの素・・・・小さじ½
- 塩・・・・小さじ¼
- こしょう・・・・少々

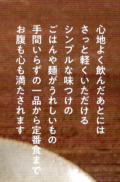

生姜たっぷりしじみ雑炊

㊀しじみは殻をこすり合わせるようにして流水で洗い、ザルに上げる。

㊁ごはんはザルに入れ、さっと水洗いしてぬめりを取る。貝割れ大根は半分に切る。

㊂鍋に**A**、㊀を入れて火にかける。煮立ったら㊁のごはん、しょうがを入れて1分ほど煮て、貝割れ大根を加える。

鯛茶漬け

㈠ 鯛は薄切りにしてボウルに入れ、Aを加えて味をからめる。

㈡ ごはんを盛った器に㈠の$\frac{1}{2}$量ずつをのせ、細ねぎ、海苔をのせる。

㈢ 好みで、熱いお茶（材料外）をかけていただく。

お茶をかけずに、そのまま食べてもおいしい。白身魚（ヒラメやカレイなど）の刺身なら、なんでもおいしく作れます。

材料｜2人分

真鯛の刺身（さく）‥‥80g

A
- 卵黄‥‥1個
- 白すりごま‥‥大さじ1
- めんつゆ（3倍濃縮タイプ）‥‥大さじ$\frac{1}{2}$

ごはん‥‥茶碗2杯

細ねぎ（小口切り）‥‥2本分

海苔の細切り‥‥適量

かんたん参鶏湯《さむげたん》

㈠ にんにくは縦半分に切り、芯を除く。ごぼうは3cm長さに切ってから4つ割りにする。

㈡ 長ねぎは縦に切り込みを入れて芯を除き、白い部分を繊維に沿って細い千切りにして水にさらして水気をきる（白髪ねぎ）。米はザルに入れてさっと水洗いする。

㈢ 鍋に**A**、手羽先、㈠を入れて火にかけ、煮立ったらアクを取り、米を加えてときどき混ぜながら弱火で15〜20分煮る。仕上げに白髪ねぎを入れ、**B**をふる。

洗った米を加えるのは、汁にとろみをつけるため。

材料｜2人分

鶏手羽先‥‥6本
にんにく‥‥1かけ
ごぼう‥‥1/3本（60g）
長ねぎ‥‥4cm
米‥‥大さじ2

A
- 水‥‥800ml
- 酒‥‥100ml
- 塩‥‥小さじ1/3

B
- 白すりごま‥‥大さじ1
- こしょう‥‥少々

牡蠣の炊き込みごはん

㊀ 米はといで30分ほど水につけ、ザルに上げる。

㊁ ボウルに牡蠣を入れ、粗塩をふってもみ洗いし、汚れが泡のようになって出てきたら水を何回かかえて水洗いし、ザルに上げる。

㊂ 炊飯器の内釜に㊀、Aを入れ、水を目盛りまで加える。

㊃ ㊂にしょうが、㊁をのせ、炊飯器のスイッチを入れる。炊き上がったら全体をさっくり混ぜ、器に盛る。

しょうが、牡蠣をのせて普通に炊く。

材料 作りやすい分量

米‥‥2合
生牡蠣(加熱用)‥‥300g
粗塩‥‥大さじ1
しょうが(千切り)‥‥2かけ分
A 酒‥‥大さじ2
A しょうゆ・みりん‥‥各大さじ1
A 塩‥‥小さじ½

ちりめん山椒とレタスの焼きそば

一 レタスは食べやすい大きさにちぎる。

二 フライパンにごま油を熱し、麺を入れて1分ほどほぐしながら炒める。

三 ちりめん山椒、レタスを加え、しんなりするまで1分ほど炒め、Aを加えて調味する。

材料　1〜2人分

焼きそば麺(蒸し)‥‥1玉
ちりめん山椒(市販)‥‥20g
レタス‥‥3枚(100g)
ごま油‥‥小さじ1
A 酒‥‥大さじ1
　塩‥‥少々
　しょうゆ‥‥小さじ½

ごま油醤油の稲庭にらうどん

㊀ うどんは袋の表示通りにゆでてザルに上げ、流水で洗ってぬめりを取り、器に盛る。

㊁ にらは㊀にたっぷりのせ、Aを回しかける。

㊂ ごま油は煙が出るくらいまで熱し、㊁に一気にかけて、よく混ぜていただく。

にらの食感とごま油のコクがクセになる味わい。麺は細めのうどんや半田そうめんなどでも。

ごま油をジュッとかけたら手早く混ぜる。

材料｜2人分

稲庭うどん（乾麺）‥‥120g
にら（小口切り）‥‥1/3束（30g）
A しょうゆ‥‥大さじ1/2
A 花椒粉‥‥小さじ1/3
ごま油‥‥大さじ1

餅入りきのこ汁

㊀ まいたけは石づきを取り、食べやすい大きさに割く。長ねぎは7〜8㎜幅に切り、にんじんは2㎜厚さのいちょう切りにする。

㊁ 鍋にだし汁、㊀、なめこを入れて火にかけ、弱火で2分煮て、みそを溶き入れる。

㊂ 焼いた餅を加えて火を止め、器に盛る。

材料 2人分

餅‥‥2枚
なめこ‥‥1/2パック(50g)
まいたけ‥‥1/2パック(50g)
長ねぎ‥‥1/4本
にんじん‥‥1/8本
だし汁‥‥400ml
みそ‥‥大さじ1と1/2

さっぱり鶏スープの温麺

㈠ 鍋にA、ひき肉を入れ、箸でほぐしてから火にかける。ときどき混ぜながら煮立ったらアクを取り、弱火で3～4分煮る。

㈡ そうめんは袋の表示通りにゆでてザルに上げ、流水で洗ってぬめりを取り、ザルに上げて水気をよくきる。

㈢ ㈠の鍋に㈡を入れ、あたたまったら器に盛り、柚子皮をのせて黒こしょうをふる。

材料 2人分

そうめん‥‥100g（2束）
鶏ひき肉‥‥120g
A
- 水‥‥800ml
- 酒‥‥大さじ3
- しょうが（薄切り）‥‥1かけ分
- 鶏ガラスープの素・塩‥‥各小さじ1/3

柚子皮・粗びき黒こしょう‥‥各少々

ワインはもちろん、どんなお酒にも合うチーズ好きが喜ぶおつまみです。

油揚げのブルーチーズ焼き

㈠ 油揚げは、6等分の三角形に切る。

㈡ オーブントースターの天板にオーブンシートをしき、㈠を並べて、ブルーチーズを適量ちぎってのせる。

㈢ 焼き色がつくまで3分ほど焼き、器に盛り、はちみつをかける。

魚焼きグリルでも同様に焼けます。フライパンで焼く場合は、片面を焼いてから上下を返してチーズをふり、ふたをして蒸し焼きにします。

材料 2人分

油揚げ‥‥1枚
ブルーチーズ‥‥20g
はちみつ‥‥適量

干し柿クリームチーズ

㊀ ボウルにクリームチーズを入れ、やわらかくなるまで練ってシナモンパウダーを混ぜ合わせる。

㊁ 干し柿はへたを取り、縦に1本包丁で切り目を入れて種を除き、㊀を等分につめて丸める。

㊂ ㊁はラップで包み、冷蔵庫に30分ほどおいて味を落ち着かせる。食べやすく切り、器に盛る。

干し柿とクリームチーズの甘じょっぱい組み合わせは日本酒にもおすすめ。ぜひお試しを。

材料 2人分

干し柿････2個
クリームチーズ････50g
シナモンパウダー････少々

クリームチーズの板わさ風

㊀ 柴漬けは粗く刻んでボウルに入れ、クリームチーズの半量を入れて混ぜる。残りのチーズは、わさび漬けと混ぜ合わせる。

㊁ かまぼこは、半分くらいまで切り目を入れてから切り分け、切り目を広げて㊀をそれぞれ挟む。

クリームチーズと混ぜる具は、青じそ、ディル、バジル、明太子、スモークサーモン、しらすなどお好みで。

材料 2人分

クリームチーズ‥‥60g
かまぼこ（紅白）‥‥各$1/2$本
柴漬け‥‥10g
わさび漬け‥‥10g

チーズと海苔佃煮の焼き春巻

㊀ 春巻きの皮は半分に切る。アボカドは皮と種を除いて粗みじん切りにする。**A**は混ぜておく。

㊁ 春巻きの皮を広げて、アボカド、ピザ用チーズ、海苔の佃煮を6等分にしてのせ、細く巻いて巻き終わりに**A**をぬって留める。

㊂ フライパンにサラダ油を熱して㊁を並べ入れ、弱めの中火にして、ときどき上下を返しながら3～4分焼く。

材料｜2人分

春巻きの皮‥‥3枚
アボカド‥‥½個
ピザ用チーズ‥‥60g
海苔の佃煮（市販）‥‥大さじ1
A 小麦粉・水‥‥各大さじ1
サラダ油‥‥大さじ2

モッツァレラとぶどうのサラダ

㈠ モッツァレラチーズは、食べやすく手でちぎる。ぶどうは縦半分に切る。赤玉ねぎは繊維に沿って薄切りにする。

㈡ 器に㈠を彩りよく盛り合わせ、混ぜておいたAをかける。

フルーティなビールやスパークリングワインなどと一緒に。

材料 2人分

モッツァレラチーズ‥‥1個(100g)
ぶどう(種なし)‥‥8個
赤玉ねぎ‥‥¼個
A
バルサミコ酢・オリーブ油‥‥各大さじ½
塩‥‥小さじ¼
こしょう‥‥少々

カマンベールじゃがいも

㊀ じゃがいもは水洗いして濡れたままラップで包み、電子レンジで3分加熱して上下を返し、さらに2分ほどやわらかくなるまで加熱し、くし形に切る。アンチョビはみじん切りにする。

㊁ カマンベールは下半分をアルミ箔で包み、予熱しておいたオーブントースターに入れて7〜8分焼く。

㊂ チーズが熱いうちに上部を丸くはがし、アンチョビ、**A**を入れて混ぜる。じゃがいもをチーズをつけながらいただく。

材料 2人分

カマンベールチーズ‥‥1個（100g）
じゃがいも‥‥大1個（200g）
アンチョビ（フィレ）‥‥2切れ（8g）
A ┌おろしにんにく‥‥小さじ1/4
 └一味唐辛子‥‥少々

パリパリチーズ2種

㊀ ピザ用チーズは、半量を6等分にしてテフロン加工のフライパンに平らに広げる。チーズの上にAを混ぜたものを散らし、カリッとするまで2分ほど弱火で焼き、キッチンペーパーに取って余分な油をきる。

㊁ 同様にして、フライパンに広げたピザ用チーズにBを混ぜたものを散らし、あと6個焼く。

電子レンジで作る場合は、耐熱皿にオーブンシートをしき、ピザ用チーズを広げてのせて具を散らし、様子を見ながら1～2分加熱する。

材料｜各6個分

ピザ用チーズ‥‥120g

A
- ちりめんじゃこ‥‥10g
- 黒ごま‥‥小さじ1

B
- 干し桜えび‥‥5g
- ミックスナッツ（粗みじん切り）‥‥10g

初江さんの調味料 あれやこれや

【コチュジャン】
簡単な使い方としてよくやるのは、「コチュジャン+マヨネーズ」。好みの量を混ぜるだけで、なんにでも合う万能だれのでき上がり。ゆでたれんこんにかけたり、塩もみした野菜をサラダ仕立てにしてかけたり、そのまま炒め物の味つけとしても使えます。

また、チョジャン（韓国の唐辛子味噌だれ）「酢+しょうゆ+コチュジャン」もおすすめ。韓国の人はこれを魚の刺身につけて食べますが、ゆでだこにも合います。チョジャンにオリーブ油をプラスして、ドレッシング感覚で蒸し野菜やゆで豚などにかけてもおいしいです。

コチュジャンを味噌汁にちょっとだけ入れるのもおすすめ。使うみその量を減らして、その分をコチュジャンにして加えます。豚汁に入れると辛味がきいておいしいです。あとはチャーハンに隠し味として加えたり。ただし、あまり入れすぎると仕上がりがベタつくので注意しましょう。

【豆板醤】
浅漬けの味つけとしてよく使います。25頁「白菜の昆布茶キムチ」のように、豆板醤と酢を合わせたり、マヨネーズと混ぜてたれとして使ったり。コチュジャンと同じ考え方で使うことが多いですね。そのほか、スープに辛味づけとして入れたり、野菜や肉の塩炒めのときに加えたりします。91頁「アボカドの豆板醤めんつゆ漬け」のように、めんつゆと合わせるだけでもおいしい漬け汁になります。

【練りごま】
バンバンジーのたれを作って、いろいろなものにかけるという使い方をよくします。作りやすい分量は、練りごま大さじ2、酢大さじ1、しょうゆ大さじ½、おろししょうが小さじ1、水小さじ1、豆板醤小さじ½、おろしにんにく小さじ⅓、砂糖少々、長ねぎのみじん切り適量（好みで大さじ1くらい）を混ぜるだけ。蒸し鶏にかけたり、蒸し野菜にかけたり。多めに作ってストックしておくと便利です。

また、甘いものが好きな人は、練りごまと黒蜜（またはハチミツ）を混ぜてアイスクリームにかけたり、トーストにぬってもおいしいですよ。

【塩昆布】

塩昆布は、ごま油と塩（またはしょうゆ）と混ぜるとおいしいので、44頁「細ねぎとまぐろの塩昆布和え」のような使い方がおすすめ。白菜やキャベツ、レタスなどと和えてもおいしいです。ただし和え物では、少し時間がたつと塩昆布がグニョグニョになって色も出てくるので、作ったらすぐ食べるようにしましょう。

ほかには、チャーハンに入れたり、炒め物の最後に加えたり。塩昆布はいい味が出るので普段からよく使う素材です。昆布茶も同じ要領で使うことができます。

【バルサミコ酢】

バルサミコ酢は、塩・こしょう、オリーブ油でドレッシングにすることが多いです。オリーブ油とバルサミコ酢の割合は「2対1」。普通の酢より甘味があるので、好みでワインビネガーや酢を半分混ぜても。

また、肉を焼いたあとにバルサミコ酢としょうゆを入れて煮立てると簡単なソースになります。変わったところでは、アイスクリームにかけても。

【ごま油】

ごま油には、白ごまを焙煎して加工した茶褐色のものと透明なタイプがありますが、普段の料理では茶褐色のものを使います。ごま油は独特の香味があるので、野菜料理に使うとコクが出ておいしい。きゅうりや青菜の和え物にたらしたり、30頁「白菜と豚バラのとろみ黒酢炒め」のように炒め物に使うと風味が増します。

また、ねぎとの相性もいいので、43頁「白身魚とねぎの熱々ごま油かけ」、47頁「細ねぎたっぷり焼肉」にも使ってコクと香ばしさを加えています。

著 者ー重信 初江（しげのぶ はつえ）

服部栄養専門学校調理師科卒業後、織田調理師専門学校に助手として勤務。その後、料理研究家のアシスタントを経て独立。伝統の和食から、海外を旅して覚えた料理まで、なんでもこなす実力派。一日の終わりの晩酌をこよなく愛する辛党でも。今回は、ビールはもちろん、日本酒、焼酎、ワインなど、どんなお酒にも合う酒の肴を、120品教えていただきました。

■STAFF

装丁・本文デザイン	柳田尚美（N/Y graphics）
撮影	鵜澤昭彦（スタジオ・パワー）
スタイリング	HISAKO（dish lab）
筆文字	ミヤベユカ（plus ten）
イラスト	矢田勝美
校正	村上理恵
編集・構成	吉原信成（編集工房桃庵）

撮影協力　UTUWA 03-6447-0070

冬つまみ
寒い季節をおいしく過ごす酒の肴一二〇

著　者／重信初江
発行者／池田士文
印刷所／日経印刷株式会社
製本所／日経印刷株式会社
発行所／株式会社池田書店
〒162-0851　東京都新宿区弁天町43番地
電話03-3267-6821(代)／振替00120-9-60072

落丁、乱丁はお取り替えいたします。

ISBN978-4-262-13047-7

19000010